JEAN D'ORMESSON

Né en 1925 à Paris, normalien, agrégé de philosophie, élu à l'Académie française en 1973 – au fauteuil de Jules Romains –, ancien directeur du *Figaro*, Jean d'Ormesson a publié notamment *Histoire du Juif errant* (1990), *La Douane de mer* (1994), *C'était bien* (2003), *Je dirai malgré tout que cette vie fut belle* (2016) chez Gallimard, *Mon dernier rêve sera pour vous* (1998) aux Éditions Jean-Claude Lattès, *Voyez comme on danse* (2001), *Et toi mon cœur pourquoi bats-tu* (2003), *Une fête en larmes* (2005), *La vie ne suffit pas* (2007), *Qu'ai-je donc fait ?* (2008), *C'est une chose étrange à la fin que le monde* (2010), *C'est l'amour que nous aimons* (2012), *Un jour je m'en irai sans en avoir tout dit* (2013) et *Dieu, les affaires et nous* (2015) aux Éditions Robert Laffont.

Odeur du temps (2007), *Saveur du temps* (2009), *La Conversation* (2011) et *Comme un chant d'espérance* (2014) ont paru aux Éditions Héloïse d'Ormesson.

Jean d'Ormesson s'est éteint le 5 décembre 2017, à Neuilly-sur-Seine, à l'âge de 92 ans.

C'EST UNE CHOSE ÉTRANGE À LA FIN QUE LE MONDE

JEAN D'ORMESSON
de l'Académie française

C'EST UNE CHOSE ÉTRANGE À LA FIN QUE LE MONDE

ROBERT LAFFONT

© Éditions Robert Laffont, S.A., Paris, 2010
ISBN : 978-2-266-21556-5

PROLOGUE

le fil du labyrinthe

Un beau matin de juillet, sous un soleil qui tapait fort, je me suis demandé d'où nous venions, où nous allions et ce que nous faisions sur cette Terre.

le rêve du Vieux

le fil du labyrinthe

D'où nous venons ? De très loin. Derrière moi, il y avait des fleuves de sperme et de sang, des montagnes de cadavres, un rêve collectif et étrange qui traînait sous des crânes, dans des inscriptions sur des pierres ou du marbre, dans des livres, depuis peu dans des machines – et que nous appelons le passé. Et des torrents, des déserts, des océans d'oubli.

le rêve du Vieux

Il n'y avait rien.

le fil du labyrinthe

Où nous allons ? Qui le sait ? Devant moi, il y avait... qu'y avait-il ? Autre chose. Autre chose qui n'existait pas encore et que nous appelons l'avenir. Quelque chose de différent, et même de très différent – et pourtant de semblable. Autre chose, mais la même chose. Et la mort.

le rêve du Vieux

Il n'y avait rien.

Pas de rires, pas de larmes, pas d'arbres, pas de nuages. Pas de lumière. Pas de réponses et pas de questions. L'éternité. Le vide. L'infini.

le fil du labyrinthe

Et nous qui avons la chance d'être nés et de ne pas être déjà morts, que faisons-nous sur cette Terre ?

De grandes choses, de belles choses. Des découvertes, des conquêtes, des inventions, des chefs-d'œuvre. Et de petites choses médiocres, insignifiantes, souvent consternantes, parfois déshonorantes.

J'ai beaucoup dormi. J'ai perdu beaucoup de temps. J'ai commis pas mal d'erreurs. Ce qu'il y avait de moins inutile sous le soleil, c'était de nous aimer les uns les autres.

Nous avons roulé de progrès en progrès. Ils ont toujours tout changé de nos façons de sentir, de penser et de vivre. Ils n'ont jamais rien changé à notre humaine condition : naître, souffrir et mourir.

Nous avons fait presque tout de ce que nous étions capables de faire – et, en fin de compte, presque rien.

le rêve du Vieux

Il n'y avait ni espace ni temps. Il y avait autre chose. Il n'y avait rien. Et le rien était tout.

le fil du labyrinthe

La vie est très gaie. Elle est brève, mais longue. Il lui arrive d'être enchanteresse. Nous détestons la quitter. Elle est une vallée de larmes – et une vallée de roses. *In hac lacrimarum valle. In hac valle rosarum.*

J'ai beaucoup ri. Le monde m'amuse. J'aime les mots, l'ironie, le ski au printemps, le courage, les côtes couvertes d'oliviers et de pins qui descendent vers la mer, l'admiration, l'insolence, les bistrots dans les îles, les contradictions de l'existence, travailler et ne rien faire, la vitesse et l'espérance, les films de Lubitsch et de Cukor, Cary Grant, Gene Tierney, Sigourney Weaver et Keira Knightley. J'ai eu de la chance. Je suis né. Je ne m'en plains pas. Je mourrai, naturellement. En attendant, je vis.

Les imbéciles pullulent, les raseurs exagèrent et il arrive à de pauvres types, à une poignée d'égoïstes – j'appelle égoïstes ceux qui ne pensent pas à moi – de se glisser parmi eux. Mais beaucoup de personnes m'ont bien plu. J'en ai aimé quelques-unes et, même quand elles ne m'aimaient pas, ou pas assez à mon goût, c'était assez délicieux. Je n'ai pas pleuré sur la vie. J'étais content d'être là.

le rêve du Vieux

Il n'y avait rien. Mais le tout était déjà dans le rien.
Et le temps et l'histoire étaient cachés sous l'éternel.

le fil du labyrinthe

J'ai beaucoup parlé des sociétés passagères où nous avons vécu. Je ne me suis pas fait avec mes propres forces. Je ne suis pas assez suffisant ni assez satisfait de moi-même pour croire que je ne dois rien aux autres. Je dois tout à ceux qui sont venus avant moi et qui m'ont instruit et élevé. Je suis le fruit d'un passé d'où je sors. Les origines me concernent comme elles vous concernent tous. Et elles m'intéressent.

le rêve du Vieux

Dans ce rien qui était le tout, il y avait quelque chose de lumineux et d'obscur dont aucun esprit humain ne peut dire ni penser quoi que ce soit. C'était le Vieux.

le fil du labyrinthe

Ce qu'il y a de mieux dans ce monde, de plus beau, de plus excitant, ce sont les commencements. L'enfance et les matins ont la splendeur des choses neuves. L'existence est souvent terne. Naître est toujours un bonheur. Il y a dans tout début une surprise et une attente qui seront peut-être déçues mais qui donnent au temps qui passe sa couleur et sa vigueur. Connaître, c'est connaître par les causes. Comprendre, c'est remonter aux origines. Dans la forêt, dans la savane, sur la mer, dans les sables du désert, le commencement des commencements, le début de toutes choses est le mythe majeur des hommes.

le rêve du Vieux

Et de mon rien, interdit à ceux qui vivent dans le temps, est sorti votre tout.

QUE LA LUMIÈRE SOIT !

le fil du labyrinthe

Les dinosaures avaient disparu depuis belle lurette
– depuis quelque chose comme soixante-cinq millions
d'années. Mais les hommes ne le savaient pas. Les
hommes de ce temps-là ne savaient même pas qu'un
très grand animal qu'aucun être humain n'avait jamais
vu et que nous appelons dinosaure eût jamais existé.
Ces ancêtres de nos ancêtres ne savaient pas que,
quelques centaines de milliers d'années plus tôt, leurs
propres ancêtres étaient venus d'Afrique. Et que les
ancêtres de leurs ancêtres utilisaient leurs quatre
membres pour se promener dans les arbres ou dans la
savane. Ils ne savaient presque rien. Beaucoup moins
que nous, en tout cas, qui, par un paradoxe surprenant,
en savons beaucoup plus qu'eux sur un passé de plus
en plus lointain. Ils étaient encore tout jeunes. Plus
forts et plus habiles que nous, ils avaient l'esprit
embrumé. Et ils étaient peu nombreux. Quelques milliers, peut-être. Moins sans doute tout au début.
Quelques dizaines de milliers un peu plus tard dans
cette histoire dont ils ouvraient la marche. L'équivalent
d'une foule d'aujourd'hui dans un stade de football ou
à un concert de rock. Beaucoup moins que les cortèges

d'une manifestation de masse sur les places et les avenues d'une capitale contemporaine. Ils étaient le sel de la terre, et ils l'ignoraient. Ils survivaient.

Ils se tenaient debout. Ils levaient les yeux vers le ciel. Ils se servaient de leurs mains pour fabriquer des instruments qui leur permettaient de chasser, de pêcher, de se défendre contre leurs ennemis. Ils veillaient sur un feu qu'ils avaient domestiqué et qu'ils se passaient comme un trésor de génération en génération. Ils mouraient très jeunes – le plus souvent avant trente ans. Ils riaient. Ils sifflaient à la façon des oiseaux. Ils se mettaient à parler. Il leur arrivait de chanter. Les plus doués d'entre eux dessinaient sur des pierres les animaux ou les objets qui leur étaient familiers : des chevaux, des bisons, des poissons, des flèches. Ils jouaient de la flûte. Ils faisaient de la couture. Ils s'essayaient à des techniques nouvelles et à se servir du feu pour cuire des aliments ou des figurines en argile. Ils commençaient une histoire qui n'en finirait plus. Et des idées obscures germaient dans leur cerveau.

Ils habitaient, je ne sais pas, dans des grottes, dans des huttes, sur des pilotis au bord des lacs ou au milieu des marais, dans des espèces de nids accrochés dans les arbres. Se succédaient déjà des étés très chauds et des hivers très froids. Souvent, il pleuvait, il neigeait, il y avait du vent. La foudre et le tonnerre exprimaient la colère des puissances inconnues qui régnaient là-haut, à l'abri des maux qui accablaient les créatures misérables vivant le long des fleuves ou au fond des forêts ou parmi les collines. Quand il faisait beau, la nuit, il arrivait à un enfant ou à un vieillard de quarante ans, échappé par miracle aux maladies, aux bêtes féroces, à la guerre contre des bandes ennemies, de contempler les étoiles qui brillaient au-dessus de leurs têtes renversées en arrière. Un sentiment d'effroi et d'admiration descendait dans leur cœur. Qui pouvait bien tenir ces flambeaux scintillants et pleins de vie qui semblaient trouer la voûte nocturne, sinon des esprits exilés de cette terre ou emprisonnés par d'autres esprits plus puissants ou peut-être chargés d'observer les humains ? De temps en temps, une traînée brillante traversait le firmament et semait l'angoisse sur la Terre habitée. Le retour régulier du Soleil et les phases de la Lune nourrissaient des légendes inépuisables et de plus en plus compliquées. Parfois, rarement, une fois tous les cent ans ou tous les deux cents ans, en l'absence de tout nuage, le Soleil en plein jour ou la Lune la nuit se dérobaient soudain aux regards sans raison apparente. La terreur s'emparait des plus braves. Des foules épouvantées promettaient aux divinités du ciel et de la terre tout ce qu'elles pouvaient désirer : de la nourriture, des richesses, des parures et des masques, le sang de créatures immolées à la survie de l'univers. Il y a quelques centaines de milliers d'années, les hommes ne possédaient pas la terre où ils avaient surgi : ils étaient possédés par des esprits dont dépendait leur destin et qui habitaient chaque parcelle de l'univers autour d'eux.

Déjà, et pour la première fois, dans les forêts ou dans le bush, dans la savane, dans les collines, au bord de la mer ou des grands fleuves, Asiatiques ou Européens, Africains depuis toujours ou Américains beaucoup plus tard, ces primates sont des hommes. Des hommes à plein titre. Des hommes comme vous et moi. Habillés à la mode d'aujourd'hui, vous les remarqueriez à peine dans le métro ou dans la rue. Ils ne constituent pas des espèces différentes. Ils sont ce genre humain auquel nous appartenons. Eux et nous – quels que soient les groupes désignés par ce *nous* –, nous avons une origine commune. Nous venons tous de la même source. Nous sortons tous de la même matrice. Nous sommes tous des Africains modifiés par le temps.

La seule différence qui compte est imposée par le sexe : il y a des hommes et il y a des femmes, et il faut un homme et une femme pour qu'il y ait un enfant. Pendant des milliers de millénaires, et jusqu'à nous en tout cas, les deux sexes s'unissent pour que l'histoire continue.

L'histoire bougeait lentement. Les hommes étaient tout jeunes : ils n'avaient pas de passé. Ils n'avaient que de l'avenir. Ils marchaient pour aller ailleurs. En ce temps-là, la Terre, si petite pour nous, était encore immense. Pour que ces espaces sans fin et tout faits d'inconnu puissent être parcourus, il a fallu du temps. Il y a eu du temps, et du temps, et encore du temps, et toujours du temps comme il y avait de l'espace. Les premiers hommes étaient toujours sûrs de trouver du nouveau derrière un horizon qui n'était jamais le dernier. Et le temps aussi se déroulait sans pitié et sans fin. Les millénaires s'entassaient : l'immensité du temps répondait à l'immensité de l'espace. La Terre était sans bornes et les souvenirs s'effaçaient.

le rêve du Vieux

S'ils se croient capables, eux tous, et surtout lui, de comprendre quoi que ce soit à l'espace et au temps, ils se trompent cruellement. Et ils se tromperont toujours.

Le sexe. Oui, bien sûr : avec la mort, c'est une des clés du système. Parce que l'univers n'est rien d'autre qu'un système gigantesque où tout se tient et se commande. Il y a du sexe parce qu'il y a la mort, il y a la mort parce qu'il y a du sexe. Et une foule inépuisable d'autres choses qu'à force de tâtonnements ils découvriront peu à peu – mais seulement en partie. Jusqu'à la fin de l'aventure, jusqu'au bout du système, le sens de l'aventure et le secret du système leur échapperont à jamais.

La magie. Ils peuvent toujours se moquer et se croire supérieurs aux hommes des premiers temps. Il n'est pas plus absurde de croire à des forces dont on ne sait rien, qu'on ne voit pas, qu'on n'entend pas, que de croire à une glande pinéale entre l'âme et le corps, à un éther qui serait présent partout pour expliquer la propagation des ondes lumineuses, à la fin de l'histoire avant la fin du temps, à la régulation du marché par une main invisible, au jeu d'un hasard et d'une nécessité qui suffiraient à expliquer l'univers et la vie, ou aux statues miraculeuses.

le fil du labyrinthe

Dans la vallée du fleuve Jaune, dans la vallée de l'Indus, entre le Tigre et l'Euphrate, à Ur, à Uruk, à Mari, à Ebla, à Akkad, à Lagash, dans le pays de Sumer, dans la vallée du Nil, en Égypte, en Anatolie, à Çatal Hôyük, ou à Jéricho – pourquoi là plutôt qu'ailleurs ? parce que la Providence des Pères de l'Église et de Bossuet, la raison des Lumières, l'esprit absolu de Hegel, la dialectique matérialiste des marxistes, l'histoire en un mot est bien obligée de s'incarner dans l'espace comme elle s'incarne successivement dans le temps –, surgissent les débuts encore balbutiants de l'agriculture et de la ville. Des rois apparaissent. Leurs noms parviennent jusqu'à nous. Ils s'appellent Sargon d'Akkad, Hammurabi, Sennachérib, Assurbanipal, que nous connaissons plutôt sous le nom de Sardanapale, Khéops, Khéphren, Mykérinos, Pépi, Thoutmès, Aménophis, Ramsès. Ils se confondent avec les dieux qui se font une place parmi les esprits et les mythes dans la pensée des hommes. Ils se marient entre eux. Ils cultivent l'hérédité. Ils laissent à leurs enfants des trônes et des richesses. Pour célébrer leurs exploits, pour compter les vaches et les chèvres, pour tenir registre des moissons, une invention de génie transforme la parole qui se perd dans les airs en une trace sur la pierre, sur l'argile, sur le papyrus : l'écriture.

L'écriture est récente : quelque cinq mille ans avant nous. Après le big bang, la vie, la pensée, le langage, le feu, ou d'autres bouleversements que j'aurais oubliés, elle marque le sixième ou le énième début de notre longue histoire. La dernière étape est très brève. Qu'est-ce que cinq mille ans au regard des deux ou trois cent mille ans des hommes, des quelques millions ou dizaines de millions d'années des primates ou des vertébrés, des trois milliards et demi d'années de la vie, des cinq milliards d'années de notre système solaire, des treize milliards sept cents millions d'années de l'univers avant nous ? Moins sans doute que la vie ou la pensée, mais avec brutalité et puissance, l'écriture change le cours des choses, accélère le rythme des changements longtemps resté si lent, ouvre aux esprits éblouis une carrière presque sans bornes, fonde l'histoire qu'elle relate et préserve, nous transmet les rêves, les craintes, les attentes des civilisations disparues.

le rêve du Vieux

Cessez de courir. Arrêtez-vous un instant. Prenez deux minutes pour réfléchir un peu et répondre à une question parmi beaucoup d'autres. Croyez-vous que la vie, la pensée, le langage, l'écriture étaient nécessaires de toute éternité ? Ou pensez-vous, au contraire, que la vie, la pensée, le langage, l'écriture auraient pu ne pas apparaître et ne jamais exister ?

le fil du labyrinthe

Les Babyloniens, les Égyptiens, les Chinois, les Indiens, et les Grecs après eux, se sont fait une idée du monde où ils vivaient. Tous ont inventé des histoires invraisemblables, souvent proches les unes des autres, où fables et visions se mêlent avec génie, où les forces de la nature dansent des sarabandes qui reflètent leurs propres angoisses et leurs propres espérances, où dieux et déesses n'en finissent pas de s'accoupler pour engendrer d'autres dieux et d'autres déesses dont les arbres généalogiques rempliraient des pages entières.

Dans le delta du Tigre et de l'Euphrate, Anut, la mère du monde, couche avec Apsu, le dieu de la mer, pour mettre au jour Anu, le dieu du ciel ; et puis elle couche avec Anu pour donner naissance à Éa, le dieu de la terre, et à Sin, le dieu de la lune, d'où sortiront en cascade, dans cet ordre ou dans un autre, Samash, le dieu du soleil, Ishtar, déesse de l'amour et de la fécondité, Mardouk, le maître de l'univers, vainqueur de Tiamat, déesse du mal, qu'il coupe en deux morceaux, et les quelque six cents autres divinités des gens de cette région.

À peu près à la même époque, en Égypte, dans la vallée du Nil, Atoum, fils de la déesse du ciel, Nout, s'unit à Nun, l'eau primordiale, et, sous le nom de Râ, dieu du soleil vénéré par les prêtres d'Héliopolis, sert de source au *ba*, âme du monde, et à la foule innombrable du panthéon égyptien : Geb, dieu de la terre ; Osiris, à la double nature, dieu mystérieux de la civilisation et du bien, qui ressuscite de la mort et dont une forme est le Nil ; Isis, déesse de la lune, sa sœur inséparable et son épouse pour toujours ; Seth, à tête de chien, dieu de la violence et des ténèbres ; Amon, dieu de l'air, souverain suprême des prêtres de Thèbes qui l'assimilent à Râ ; Anubis, à tête de chacal, dieu de la mort et de l'embaumement ; Apis, le dieu-taureau ; Hathor, la déesse-vache ; Horus, à tête de faucon ; Sebek ou Sobek, le dieu-crocodile ; Sekhmet, la déesse-lionne ; Thot, le dieu à tête d'ibis, patron des scribes et des écrivains, célébré par les Grecs sous le nom d'Hermès Trismégiste ; Aton, surtout, le disque solaire, qui, assimilé à son tour à Râ, l'emportera, un temps, sur Amon et se hissera, grâce à Aménophis IV, le mari de Néfertiti, devenu Akhenaton, à la dignité suprême de dieu créateur de l'univers et de souverain unique du monde. Et tous les autres, qui jouent un rôle de chaque instant dans la vie et la mort des Égyptiens de l'Antiquité et dont la redécouverte, il y a un siècle ou deux, bouleversera le monde savant et, au-delà des spécialistes, la foule immense des curieux et des touristes.

En Chine, deux millénaires avant Confucius et Lao-tseu, dont le fameux *Tao-te King* popularise le *tao* – la *voie*, le principe à l'origine de la vie, le cours des choses – et la cosmologie du *yin* et du *yang*, les deux forces polaires opposées – le *yin* : la terre et la lune, féminines, sombres, humides ; le *yang* : le ciel et le soleil, forts, masculins, lumineux, créateurs –, les dieux et les déesses constituent une formidable bureaucratie céleste qui dirige l'univers.

Partout, en ce temps-là, les prêtres sont des savants et les savants ne se distinguent pas des prêtres. Le spectacle du firmament et la marche des astres dans la nuit entraînent des observations où les chiffres commencent à se mêler aux intrigues des déesses et des dieux. Le lever et le coucher du Soleil et de la Lune, le mouvement des planètes, la connaissance du zodiaque permettent de relever des régularités, d'élaborer des calendriers, et même de prévoir les éclipses. Une amorce de mathématique et de géométrie est nécessaire à la construction des pyramides dans la vallée du Nil, des ziggourats entre le Tigre et l'Euphrate, des temples un peu partout. Mais ni la contemplation du ciel ni le maniement des chiffres ne parviennent à se dégager des préoccupations mythologiques. Les astres et leur parcours servent surtout à deviner un avenir qui ne dépend que des dieux. Dans ce temps-là, les esprits les plus forts et les plus savants sont soumis aux puissances infernales ou célestes. Les astronomes sont des astrologues. Ce qui se lit dans le ciel, ce n'est pas l'univers : c'est le destin des empires et des hommes.

le rêve du Vieux

Tout roule. L'histoire se fait, et elle a un sens. Il y aura des hommes pour soutenir que l'histoire n'est que bruit et fureur et qu'elle n'a pas de sens : ils auront tort. D'autres, au contraire, prétendront connaître le sens caché de l'histoire et ils tenteront de l'imposer par la violence et au prix de grandes souffrances : ce seront des imposteurs. La nécessité de l'histoire n'apparaîtra jamais que dans le passé. Et avec une telle force que rien ne semblera plus évident et peut-être plus prévisible que l'histoire en train de se faire. Encore une erreur. Encore une illusion. L'histoire est une nécessité aléatoire. Son avenir m'appartient. Son sens est un mystère. Et seule la fin du temps éclairera ce mystère.

le fil du labyrinthe

Parmi les textes les plus anciens dont nous puissions disposer figurent les Védas indiens : ils remontent à la première moitié du IIIe millénaire avant notre ère, peu de temps après les débuts de l'écriture. Bien avant les épopées interminables du *Mahabharata* et du *Ramayana*, bien avant cet Indien de génie qui invente le zéro parvenu ensuite jusqu'à nous à travers les Arabes et que nous connaissons sous le nom d'Aryabhatta.

Les Védas, et notamment le Rig-Veda, donnent une idée de la pensée hindoue antique, entre panthéisme et polythéisme, avec des traces de monothéisme, à l'époque où les Aryens, Indo-Européens venus du nord-ouest, envahissent la vallée de l'Indus et l'emportent sur les Dravidiens autochtones. Parmi les divinités révérées − forces de la nature, astres, ciel, terre, vent, feu *(agni)*, plantes, vin *(soma)*... −, une place à part est réservée à l'*Unique*, celui qui seul était déjà là avant la création : « Rien n'existait alors, ni visible ni invisible. Il n'y avait point de mort, point d'immortalité. Rien n'annonçait ni le jour ni la nuit. Lui seul respirait, ne formant aucun souffle, renfermé en lui-même. Il n'existait que lui. Au commencement, l'amour fut en lui. Et de sa sagesse jaillit la première semence. »

Aux Védas peuvent être associés les Upanishad, plus tardifs. Ils traitent de ces questions qui, de tout temps, ont tourmenté l'esprit des hommes : l'origine de l'univers, l'essence du divin, la nature des choses et de l'âme. C'est en s'unissant à l'esprit universel *(Brahman)* que l'esprit individuel *(Atman)*, après sa migration à travers différents corps physiques, parviendra à la libération finale. Cette union en pleine conscience, cette identification suprême est « la vérité d'entre les vérités ». Les Upanishad exerceront une influence profonde sur Schopenhauer. Tout au long de sa vie, ils constitueront une de ses lectures favorites et ils lui apporteront un réconfort à l'instant de sa mort.

Dérivé des *textes des sarcophages* et des *textes des pyramides*, le fameux *Livre des morts* égyptien est surtout composé, à partir du milieu du IIᵉ millénaire, de manuscrits funéraires sur papyrus, sur textiles ou sur cuir. Ils sont supposés fournir une garantie de survie à ceux qui sont déjà morts et à ceux qui sont encore vivants, mais pas pour longtemps, car ils sont des morts en sursis, des morts qui n'ont pas encore adopté leur forme définitive et inéluctable. Les plus anciens de ces textes sont antérieurs de quelques siècles à Ramsès II, le grand pharaon, le constructeur de temples, l'adversaire, puis l'allié des Hittites, le vainqueur proclamé de la bataille incertaine de Qadesh, le père d'une bonne cinquantaine d'enfants officiels, à Moïse qui fuit l'Égypte avec ses Hébreux avant de leur donner les Tables de la Loi, et à la guerre de Troie qui se déroule là-haut, à l'autre bout du monde connu, sur la côte nord-ouest de cette Anatolie que nous appelons l'Asie Mineure.

Gilgamesh est le héros d'aventures aussi célèbres en Mésopotamie et dans tout le Proche-Orient ancien que, plus tard et ailleurs, celles d'Ulysse, d'Alexandre le Grand, du roi Arthur ou de Roland, de Sindbad le marin ou de Don Quichotte. La version la plus complète de l'*Épopée de Gilgamesh* provient de la bibliothèque d'Assurbanipal à Ninive, mais les plus anciens manuscrits consacrés au héros remontent bien plus loin, à une époque antérieure à Homère et même à la guerre de Troie. Gilgamesh lui-même a probablement existé. Il n'est pas impossible qu'il ait été un personnage historique et le souverain d'Uruk, dans le pays de Sumer, en basse Mésopotamie, non loin du golfe Persique, il y a près de cinq mille ans. Il serait né d'un souffle ou peut-être d'un démon, et il aurait régné cent vingt-six ans.

Ses exploits, les légendes autour de son nom, la postérité, l'écriture qui se répand font de lui un des premiers héros de l'humanité en train de prendre conscience d'elle-même et de se projeter dans des demi-dieux surgis de ses rêves et de son imagination. Il est entouré de personnages devenus célèbres eux aussi – son ami Enkidu, qui descend aux Enfers avant d'être victime de la jalousie des dieux, ou la cabaretière Siduri, installée aux confins du monde, qui lui conseille, plusieurs millénaires avant Faust, de jouir de l'instant présent – et, tantôt aux côtés des déesses et des dieux et tantôt sous leurs foudres, il n'en finit pas de lutter contre des monstres, contre des géants, et surtout contre la mort. La mort est son obsession. À une époque où se déchaînent la violence et des massacres inséparables de la lutte pour le pouvoir, toutes les formes de survie au-delà de la mort sont la grande affaire des hommes. Ils cherchent les réponses dans les astres, dans le culte des dieux et dans les livres sacrés.

le rêve du Vieux

Les hommes, j'ai pitié d'eux, ils m'amusent, je les admire. La plus belle des prières, c'est leur ardeur à me connaître. Et à m'inventer. Les meilleurs d'entre eux, qui se trompent, bien entendu, autant qu'on peut se tromper, j'aime beaucoup ce qu'ils font. Et, de temps en temps, je les aide. À dire n'importe quoi – et même parfois la vérité. À me traîner dans la boue. À m'élever des statues. Je leur souffle des idées, des phrases, des couleurs et des sons. Alors, ils murmurent : « Ça vient d'en haut... » Quand ils chantent, quand ils peignent, quand ils écrivent, leurs musiques, leurs formes, leurs tableaux et leurs mots sont l'encens que je préfère. Si j'étais un homme, je passerais mon temps à les regarder, à les écouter et à les lire.

le fil du labyrinthe

Il y a un peu moins de trois mille ans, sur les bords de la Méditerranée orientale, s'ouvre une époque prodigieuse. Toutes les époques ont leurs prodiges et apportent à l'histoire leur lot de désastres et de miracles. Mais cette période-là est si riche en débuts et en inventions de tout genre qu'elle prend sans trop de peine dans la mémoire des hommes l'allure d'un printemps de l'histoire.

Au IXe siècle avant notre ère, en Asie Mineure, dans une région où les gens parlaient une langue d'origine indo-européenne que l'on appelle le grec, naît le premier et le plus grand poète de ce temps – et peut-être de tous les temps : Homère. Sept villes encore récentes et déjà triomphantes de cette époque et de ce coin du monde se disputent l'honneur de lui avoir donné le jour ; nous ne savons presque rien de sa vie, la légende le présente aveugle, il n'est pas sûr qu'il sût écrire. Il est considéré comme l'auteur de deux poèmes épiques d'une beauté accablante et encore capables, après tant de siècles, de nous donner beaucoup de bonheur : l'*Iliade* et l'*Odyssée*.

L'*Iliade* raconte quelques jours d'une guerre qui se

serait déroulée quatre cents ans avant Homère – à peu près à l'époque de Moïse et de Ramsès II en Égypte – et qui aurait duré neuf ans. D'un côté, les Troyens du roi Priam, flanqué de ses deux fils, Hector, l'aîné, le mari d'Andromaque, et Pâris, qui a enlevé Hélène, la femme de Ménélas, roi de Sparte ; de l'autre, les Grecs de Ménélas qui vient récupérer son bien, de son frère Agamemnon, le puissant roi de Mycènes – fils d'Atrée, un méchant ; mari de Clytemnestre, père d'Iphigénie et d'Oreste –, d'Achille, fils de Pélée et roi des Myrmidons, et d'Ulysse, roi d'Ithaque. Les assaillants sont soutenus par Héra, la Junon des Romains, et par Athéna, à qui, dans un concours de beauté organisé par les dieux, Pâris a eu l'imprudence de préférer Aphrodite, c'est-à-dire Vénus, célébrée plus tard par tant de sculpteurs et de peintres, de Phidias et de Praxitèle à Botticelli, à Titien, à Rubens. Les Troyens sont protégés par Arès, dieu de la guerre, appelé Mars par les Latins, et, bien sûr, par Aphrodite. Une bonne partie de la mythologie grecque, à peu près aussi délirante que les panthéons de Memphis et de Thèbes, de Sumer ou de Babylone, et de la littérature classique, ramassis d'héroïsme et de crimes, est ainsi rassemblée autour de Troie par Homère. Le poème s'ouvre sur la colère d'Achille qui refuse de se battre aux côtés d'Agamemnon qui lui a fauché une captive à laquelle ils tiennent tous les deux et il se clôt sur les funérailles d'Hector tué par Achille qui a repris le combat pour venger la mort de Patrocle, son ami le plus intime, tombé sous les coups du fils aîné de Priam.

L'*Odyssée* est le récit des aventures d'Ulysse dont le retour chez lui après la chute de Troie est sans cesse retardé par une série ininterrompue d'incidents, de catastrophes et d'obstacles où jouent un rôle décisif un certain nombre de dieux, de déesses et de femmes : Poséidon, c'est-à-dire Neptune, roi de la mer et ébranleur du sol, encore Athéna, Calypso, Circé, Nausicaa, semblable à un jeune palmier. Ulysse met une dizaine d'années à regagner Ithaque où l'attendent sa femme Pénélope, en proie aux outrages des prétendants qui en veulent à sa beauté, à son trône et à ses richesses, son fils Télémaque, quelques rares partisans restés obstinément fidèles à leur maître malgré sa longue absence et son vieux chien Argos qui sera le premier à le reconnaître avant de mourir de bonheur.

Composés à l'aube de l'écriture, ces deux poèmes épiques, dont l'un est un récit de guerre et l'autre le plus formidable des romans d'aventures, ont été longtemps récités par des aèdes avant même d'être couchés par écrit. Homère lui-même est un aède, c'est-à-dire un chantre. Il chante ses vers en s'accompagnant d'une cithare à trois ou quatre cordes, il est un de ces rhapsodes qui parcourent les villes et les campagnes pour faire connaître les poèmes qu'ils ont composés, que beaucoup savaient déjà par cœur, que les amateurs répétaient, que les enfants des écoles, dans le monde grec tout entier et d'un bout à l'autre de l'Empire romain, puis de l'Empire byzantin, apprenaient dès l'âge le plus tendre. L'écriture, et, bien plus tard, l'imprimerie les répandent largement et les rendent immortels.

Toute la littérature occidentale sort de l'*Iliade* et de l'*Odyssée* où sont déjà présents les thèmes de la guerre, des voyages, de l'amour, de l'amitié, des passions, de l'ambition, du courage, de la rivalité, du pouvoir, de la compassion, de l'argent, de la fatalité, de la mort, du hasard, de la mer. Il est permis de soutenir que, non seulement Eschyle, Sophocle, Euripide, mais aussi, de

Virgile à James Joyce, l'auteur d'*Ulysse*, et à Borges, en passant par Dante, par Ronsard –

*Je veux lire en trois jours l'*Iliade *d'Homère,*
Et pour ce, Corydon, ferme bien l'huis sur moi...

– par le Tasse, par Cervantès, par Shakespeare, par Corneille et par Racine, par Goethe et par Chateaubriand, par Lautréamont, par Offenbach avec *La Belle Hélène*, par Péguy – « Rien n'est plus vieux que le journal de ce matin, et Homère est toujours jeune... » – et par Jean Giraudoux qui fait revivre Hector, Andromaque et Hélène dans *La guerre de Troie n'aura pas lieu*, toute notre littérature n'est qu'un commentaire sans fin et une poursuite, par des moyens différents, de l'*Iliade* et de l'*Odyssée*.

le rêve du Vieux

Tous les peuples sont élus. Les Chinois, qui sont jaunes et qui sont nombreux, se sont considérés long-temps comme le milieu d'un monde qu'ils finiront bien par dominer tout entier. À l'inverse d'une Chine qui est chinoise depuis la nuit des temps, il n'y a pas d'Inde du tout. L'Inde est un pot-pourri, un mille-feuille, un ramasse-miettes de races, de langues, de religions, de modes de vie. Les Indiens tiennent ensemble par un miracle sans fin et ils sont chers à mon cœur. À Damas, à Bagdad, à Cordoue, à Grenade, avec leurs conquêtes, leurs mosquées, leurs observatoires, leurs traductions et leurs *Mille et Une Nuits*, les Arabes incarnent à la fois la culture et la puissance. Les Anglais sont un grand peuple qui, pour son propre compte ou à travers l'Amérique, a imposé sa langue, ses reines, son thé, son *habeas corpus* et sa démocratie, son tweed, ses Rolls-Royce, sa boxe et son rugby à l'ensemble des cinq continents. Parcourant les mers sous le nom de Vikings et les grands fleuves sous le nom de Varègues, les gens du Nord, ont marqué de leur empreinte la Russie, qui leur doit son nom, l'Ukraine, la Normandie

– et les Normands, à leur tour, ont conquis l'Angleterre, la Sicile et les Pouilles, toute l'Italie du Sud, jusqu'à Rome, reine du monde avec César, Auguste, Hadrien, Marc Aurèle, avant de donner à l'histoire un de ses héros de légende, l'empereur Frédéric II, génie universel, seul souverain chrétien à devenir sans guerre le roi de Jérusalem. Le monde germanique a Bach, qui a tant fait pour moi, et Feuerbach, Marx, Nietzsche, Freud, qui ont tant fait contre moi. Et les uns et les autres, et peut-être surtout mes ennemis qui ont souhaité et annoncé ma mort, je les admire et je les aime avec une sorte de passion. Les Portugais naviguent sur tous les océans, du Brésil à l'Afrique et aux Indes. Quoi de plus beau que de naviguer ? Les Espagnols sont fiers et mystiques et, quand ils ne se battent pas, il leur arrive de peindre. Je ne dirai rien des Français : Péguy s'est chargé mieux que personne de prononcer leur éloge. Ni des Italiens : leurs peintres, leurs sculpteurs, leurs architectes, leurs musiciens, leurs saints aussi, et la forme de leurs collines suffisent à éclairer le monde d'une lumière de matin. Il n'y a que les Suisses dont j'aurais un peu de mal à raconter quoi que ce soit : ils sont heureux dans leurs montagnes où ils passent leur temps à élever des vaches et des comptes en banque. Deux peuples, pourtant, m'épatent plus que les autres parce qu'ils ont fait plus que les autres pour rendre si excitante la seule histoire qui se soit jamais déroulée : ce sont les Juifs et les Grecs.

Les Juifs m'ont inventé, et c'est une grande affaire. Les Grecs sont les premiers à avoir percé mes secrets.

le fil du labyrinthe

Deux cents ans après Homère, toujours en Asie Mineure et toujours sur les bords de cette Méditerranée orientale comblée de dons par les dieux, dans une région appelée Ionie où l'*Iliade* et l'*Odyssée* étaient déjà dans l'esprit et sur les lèvres de beaucoup, un personnage appelé Thalès, qui passait pour distrait et pour très maladroit dans la vie de chaque jour à force de contempler les étoiles, soupçonne que la Lune est éclairée par le Soleil et fonde la première école de philosophie et de géométrie. Dans ces temps anciens, la profession de philosophe n'existait pas encore : les philosophes étaient en même temps, et peut-être surtout, des savants, des mathématiciens et des astronomes. Ils s'intéressaient à des phénomènes naturels comme les éclipses du Soleil et de la Lune, aux nombres et aux calculs, aux figures de la géométrie et à leurs propriétés. C'étaient des esprits très puissants et, par rapport au savoir de leur temps, des esprits universels. Ils avaient découvert la vertu des chiffres et d'une raison capable d'expliquer un certain nombre de situations ou d'événements et d'établir des relations qui semblaient apporter un peu d'évidence et de stabilité dans l'incertitude de ce monde.

Une révolution s'amorçait. Elle était fondée sur une notion à peu près intraduisible que les Grecs appelaient le *logos*. *Logos* est un mot grec qui apparaît à cette époque, qui sera repris plus tard, dans un sens légèrement différent, par Platon, puis par saint Jean l'Évangéliste, et qui signifie « raison », « loi », « logique », « discours », « verbe », « nécessité universelle ». Le *logos* s'exprime dans le langage et il constitue la voie privilégiée pour atteindre à la nature des choses, à leur essence, à leur être. Il est lié à la mathématique et à la géométrie. Il marque la fin de l'opinion vague et fluctuante, des approximations hâtives, de la superstition, de la magie. Le miracle grec consiste à sortir du monde de la mythologie pour entrer, grâce au *logos* et au prix d'un effort surhumain, dans le monde de la science. La science naît dans cette Asie Mineure grecque qui avait déjà donné le jour à Homère et à ses épopées, et, plus largement, dans cette Méditerranée orientale façonnée par la Grèce et qui, pour deux millénaires, va devenir le centre du monde.

Ce que découvrent les Grecs, à partir du VIe siècle avant notre ère, en un mouvement d'une extraordinaire puissance, c'est que la nature offre un sujet de réflexion et de spéculation dont les dieux peuvent être écartés. L'homme se substitue à la mythologie dans des constructions intellectuelles chargées de rendre compte des phénomènes de la nature. La géologie, la météorologie, la biologie, l'astronomie, la nature tout entière se met à relever des chiffres et de la mathématique. Pythagore, pour qui « les nombres sont les éléments de toutes choses », élabore les premiers théorèmes et fonde les mathématiques. Par une intuition foudroyante, Leucippe et Démocrite imaginent que la matière peut être morcelée en atomes. Euclide découvre les principes de la géométrie.

Comme les Portugais, les Espagnols, les Hollandais, les Anglais beaucoup plus tard, les Grecs étaient des marins. L'expérience de chaque jour leur avait appris qu'un bateau qui s'éloigne sur la mer par beau temps semble s'enfoncer peu à peu sous l'horizon lointain et qu'inversement un navire qui s'approche offre d'abord ses voiles, puis sa coque à la vue de ceux qui l'observent à partir du rivage. Les voyages sur la mer leur avaient aussi enseigné que l'étoile Polaire apparaissait plus bas sur l'horizon dans les régions au sud de la Méditerranée que dans le Nord. Les Grecs avaient enfin fini par comprendre – ce que d'autres, avant eux, avaient deviné avec plus ou moins d'évidence – que les éclipses de la Lune étaient dues au passage de la Terre entre le Soleil et la Lune : ils avaient observé que l'ombre projetée sur la Lune était toujours ronde, ce qui supposait que la Terre fût ronde. Avec les Grecs, la Terre cesse définitivement de se présenter sous la forme d'un disque plat habité d'un seul côté, comme l'imaginaient encore beaucoup de prêtres ou de sages des premiers temps, pour prendre la forme parfaite d'une sphère.

le rêve du Vieux

La Terre est ronde. Non, elle n'est pas posée sur le dos d'une tortue, elle ne flotte ni sur une fleur de lotus ni sur un océan soutenu par des géants et des anges enlacés, elle n'est pas un disque plat. Comme c'est curieux : elle est tout ce qu'il y a de plus simple. Elle est ronde. Ou à peu près ronde. À l'époque de Babylone, de l'Égypte ancienne, de l'Ionie, les plus savants le savent déjà, mais les gens de la rue ne le savent pas encore. La vérité, ou ce qui en tient lieu dans le temps, avance en ordre dispersé. Plusieurs siècles après nos Grecs, il y aura encore des philosophes, des écrivains, des gens d'Église et d'étude qui refuseront d'imaginer des hommes la tête en bas et une pluie qui tomberait en montant. Et beaucoup de marins, jusqu'à l'aube des temps modernes, redouteront les abîmes qui pourraient les engloutir au bout des mers inconnues.

le fil du labyrinthe

Ce qui suscite avant tout l'étonnement des grands esprits du monde grec de ce temps, des premiers géomètres, des premiers philosophes, c'est le spectacle du changement. Tout change toujours sous le soleil, tout passe, tout ne cesse de s'écrouler. L'*Iliade* et l'*Odyssée* avaient dépeint avec génie la précarité de la condition humaine : les rois perdent leur trône sous les coups des ennemis, les reines et les princesses sont réduites en esclavage, tous les hommes finissent par mourir.

Au dernier siècle avant Jésus-Christ, reprenant ces mêmes thèmes, Lucrèce écrira dans son *De natura rerum* : « Ne vois-tu pas que les pierres elles-mêmes subissent le triomphe du temps ? Les hautes tours s'effondrent, les rochers volent en poussière ; les temples, les statues des dieux s'affaissent, trahis par l'âge ; ils se dégradent sans que la divinité puisse reculer l'instant fatal de la destruction ni faire obstacle aux lois de la nature. »

La vie de chaque jour offre des exemples sans fin de ces bouleversements et de cette instabilité universelle. Le lait tourne, les fruits pourrissent, l'eau gèle, la glace fond, nous passons notre temps à vieillir. Un chêne se dresse dans une forêt, nous le coupons, nous le débitons à la hache, nous mettons le feu aux bûches, des flammes s'élèvent, vacillent, disparaissent : le chêne s'est transformé en cendre. Un coup de vent disperse la cendre. Le chêne, les bûches, le feu lui-même, la cendre, tout disparaît. Et nous aussi.

Emportés dans cette débâcle, nous avons pourtant le sentiment qu'il y a quelque chose qui dure derrière les choses qui changent. Au cœur de l'éphémère universel, un noyau obscur semble persister. La question posée en Ionie par les philosophes du VIᵉ siècle avant notre ère est celle-ci : « Qu'est-ce qui persiste à travers le changement ? Quelle est la substance qui sert de fondement à tous ces phénomènes qui se succèdent sans trêve ? » Les uns, comme Thalès, répondaient : « C'est l'eau. » D'autres soutenaient : « C'est l'air. » Ou : « C'est le feu. » Ou : « C'est l'infini. »

Les réponses n'avaient pas beaucoup d'importance. Ce qui allait compter dans l'histoire des hommes et dans leur soif de savoir, c'était la question : « Qu'est-ce qui dure derrière ce qui passe ? »

Deux grands philosophes vont s'emparer de cette question. L'un, né à Éphèse, appartient encore à la glorieuse école ionienne : c'est Héraclite. L'autre, originaire d'Élée, une ville de la Grande Grèce, c'est-à-dire d'Italie du Sud, est le nom le plus illustre de l'école éléate : c'est Parménide.

Héraclite, que les anciens Grecs avaient déjà surnommé l'Obscur et dont nous ne possédons que des fragments toujours un peu mystérieux, met l'accent sur la lutte et la tension entre des forces opposées de la nature qui ne cessent de se combattre. Il répète volontiers que tout s'écoule et que vous ne vous baignez jamais dans le même fleuve parce que l'eau n'en finit pas de couler et de se renouveler. Pour lui, la seule chose qui persiste à travers le changement, c'est le changement lui-même. C'est un génie. Il a compris que, sous le soleil au moins, il n'y a rien d'éternel. Il est le philosophe du multiple, des contraires, du devenir, du combat, de l'écroulement et du changement.

Contemporain et adversaire farouche d'Héraclite, Parménide voit bien que le monde autour de lui ne cesse jamais de changer. C'est un monde d'apparence et de l'apparence ne peut surgir la vérité. La seule vérité tient en deux mots : « L'être est. » Si l'être est, il est impossible que le non-être soit. Le non-être ne peut pas être pensé. Il ne faut même pas en parler : « Le non-être ne doit pas être nommé. » Nous voilà très loin du combat des contraires d'Héraclite. Unique, incréé, immuable, absolument calme, l'être est parfait à la façon d'un cercle ou d'une sphère. « Il est nécessaire de dire et de penser que seul l'être est ; un rien, en revanche, n'est pas. Pénètre-toi bien de cela. » Parménide aussi est un génie. Il a découvert qu'il n'y avait un monde que parce qu'il y avait de l'être. Et que la seule chose qu'il soit permis de dire de l'être, c'est qu'il est.

En face d'Héraclite qui, par son jeu de l'écoulement et des contraires, est le père de la dialectique, Parménide est le fondateur de l'ontologie, c'est-à-dire de la connaissance, non des choses, des étoiles, des minéraux, des plantes, des animaux, de l'homme, de la vie, de tout ce qui change, mais de l'être en tant qu'être. Pour Héraclite, tout bouge, tout change, tout s'écroule. Pour Parménide, l'être est, et c'est assez.

Tout au long de l'histoire de la philosophie, ou tout simplement de l'histoire des hommes, Héraclite et Parménide sont restés comme deux symboles, comme deux pôles opposés. Autour de cette interrogation originelle : « Qu'est-ce qui dure derrière ce qui passe ? » et de leurs réponses contradictoires, ils ouvrent le chemin à tous ceux qui leur succéderont. Des siècles et des siècles après eux, certains esprits peuvent être dits « ioniens » et d'autres, « éléates ». Avec sa théorie des « Idées » – l'Idée du Grand, l'Idée du Beau, l'Idée du Juste... –, qui, cachées dans l'absolu, sont la vraie réalité, la réalité dont dépend l'être des choses dans le monde, Platon est un disciple de génie de ce Parménide qu'il admire et qu'il dépasse de très loin. Avec son système de la « cause première » et de la forme qui détermine la matière et la fait passer de « l'être en puissance » à « l'être en acte », Aristote s'inscrit dans la lignée d'un Platon qu'il fait descendre du ciel sur la terre. Au XVIIe siècle, Spinoza, avec sa conception de la « substance », flanquée de ses « attributs » et de ses « modes », qui nous rappelle l'école de Milet et l'être de Parménide, est, lui aussi, un philosophe ouvertement éléate. *L'Évolution créatrice* de Bergson est une longue réflexion sur la possibilité ou l'impossibilité de penser le non-être. Au XIXe, en revanche, Hegel, puis Karl Marx et Engels appartiennent avec éclat à l'école ionienne. Ils lui empruntent le thème de l'affrontement de la thèse et de l'antithèse et, à travers le renversement marxiste de la dialectique idéaliste de Hegel en matérialisme dialectique et en dialectique de la nature, ils donnent une vie nouvelle à la vieille dialectique du combat des contraires et du changement d'Héraclite.

le rêve du Vieux

Ce n'est pourtant pas compliqué : le temps passe et je dure, l'histoire se déroule et l'être est. Derrière les tribulations du monde, il y a quelque chose qui lui permet de changer sans cesse et de rester le même à travers les changements : c'est moi. L'herbe pousse, les enfants meurent. Derrière le monde qui se fait et s'écroule, qui ne se fait que pour s'écrouler, qui s'écroule et se refait, il y a cet être immobile, éternel, infini, hors de l'espace et du temps, qui hante l'esprit des hommes plongés dans l'espace et dans le temps et guettés par une mort dont il leur est interdit, à eux qui comprennent tout, qui changent tout, qui se croient la fin de tout, de jamais rien savoir.

le fil du labyrinthe

Après Homère, et avec Eschyle, Sophocle, Euripide, les trois « tragiques », les deux plus grands noms de l'Antiquité grecque sont Platon et Aristote. Si différents les uns des autres par leurs genres et leur esprit, et si proches pourtant par la langue et l'élévation, ces six écrivains vont dominer la pensée, la littérature, la philosophie occidentales pendant plus de deux millénaires. Et, en vérité, jusqu'à nous. À partir de la Renaissance, qui marque un retour à l'Antiquité après le long Moyen Âge, et surtout entre le XVIIe et le XXe siècle, le monde et l'image que nous nous en faisons se mettent à changer de plus en plus vite. Nos ancêtres et nos maîtres sont Homère, Platon, Aristote et ceux qui, depuis quatre siècles, se sont insurgés et ont lutté contre leur domination.

Platon est un des plus grands parmi les philosophes. Il est aussi un écrivain qui se réfère souvent à Homère. Il invente un genre littéraire nouveau qu'il porte d'emblée à son point d'excellence : le dialogue. D'une beauté physique remarquable, Platon sort d'une famille aristocratique et illustre. Il met en scène son maître Socrate, d'origine modeste, qui était lourd et laid, qui n'a pas écrit une seule ligne et dont le prestige et l'influence sur ses disciples n'ont sans doute jamais été égalés. Les dialogues platoniciens – le *Banquet*, le *Phédon*, le *Phèdre*, où les cigales chantent à tue-tête sous les platanes et où Socrate et Phèdre trempent leurs pieds dans l'Ilissos, le *Protagoras*, la *République*, le *Théétète*, le *Timée* et tant d'autres – rapportent les conversations entre Socrate et un certain nombre d'interlocuteurs dont le rôle principal semble se limiter à approuver le maître mais consiste aussi, et c'est plus important, à relancer et à approfondir sa réflexion. Socrate interroge. Il parle et il écoute. Le plus souvent, il commence par poser une question :

« Dis-moi, qu'est-ce donc, à ton avis, que le Beau ? »

Ou :

« Qu'est-ce que le Bien ? »

Ou encore :

« Qu'est-ce que la Justice ? »

L'interlocuteur répond. La méthode socratique, telle que la présente Platon, consiste à accepter d'emblée sa réponse.

« Ah ! bon, c'est ce que tu penses. Il s'ensuit alors que... »

« Évidemment », répond l'autre.

« Donc, nous sommes obligés de dire... »

« Bien sûr, Socrate. Tu as raison. »

Ainsi se poursuit, de fil en aiguille, l'enchaînement des évidences, jusqu'à ce qu'il aboutisse à une conclusion apparemment incontestable. C'est alors que tout se joue et que Socrate revient au premier énoncé :

« Mais n'avons-nous pas dit tout à l'heure que... ? Et ne s'ensuit-il pas que... ? »

« Ah ! c'est certain, Socrate. »

« Mais alors, nous voilà contraints de dire... »

Un autre fil de raisonnement se déroule à partir de la première réponse qui avait été donnée, un fil qui conduit ailleurs que le précédent – et, le plus souvent, à un résultat opposé. Jusqu'au moment où Socrate finit par constater :

« Mais comment est-ce possible ? Tout à l'heure, nous étions parvenus à une première conclusion ; maintenant, nous aboutissons à une autre conclusion, bien différente. »

C'est le moment de l'embarras, de la perplexité, de l'expérience du non-savoir. La tradition a appelé ce processus l'*ironie socratique*, première ébauche de ce doute philosophique que nous retrouverons chez Descartes. La fameuse formule de Socrate : « Je sais que je ne sais rien » n'est pas l'expression d'une modestie excessive. Elle signifie que le philosophe, qui croyait savoir et qui découvre qu'il ne sait pas, ne se satisfait plus de ces apparences du vrai dont, par facilité, par faiblesse, pour aller plus vite, nous nous contentons le plus souvent. Ce qu'il poursuit, c'est moins une vérité absolue, presque impossible à atteindre, que l'exigence, sans cesse recommencée, d'une vérité toujours plus haute.

Sous le couvert de Socrate qui est à la fois son modèle et son porte-parole, au point qu'il nous est difficile de faire la part de Socrate et celle de Platon dans les discours que Platon, au fil de ses dialogues, met dans la bouche de Socrate, l'auteur du *Banquet* et de la *République* croit aux nombres, à la géométrie, à une réalité cachée derrière les choses sensibles et leur trompeuse apparence, à cette immortalité de l'âme dont Socrate, dans le *Phédon*, parle avec splendeur au moment de mourir. Et puis, reprenant les idées émises par Pythagore deux siècles plus tôt et les modifiant – Pythagore faisait tourner la Terre, la Lune, le Soleil et toutes les planètes connues autour d'un feu central invisible –, il croit que la Terre est une sphère immobile au centre de l'univers et que le Soleil, la Lune, les planètes et les étoiles tournent autour de la Terre à une vitesse constante capable de rendre compte avec une exactitude suffisante du mouvement des objets célestes, capable surtout, tant bien que mal, selon une formule utilisée à l'époque, de « sauver les apparences ».

le rêve du Vieux

Il y a moins d'idées que d'êtres humains. Modifiés par le temps et par les circonstances, les mêmes thèmes reviennent, sous des formes différentes, à des époques successives. L'être passe de Parménide à Platon, de Platon à Spinoza, de Spinoza à Heidegger. La dialectique passe d'Héraclite à Hegel et de Hegel à Marx. L'ironie et le doute passent de Socrate à Descartes et de Descartes à Kierkegaard. L'idée d'un centre de l'univers est de tous les temps. Tantôt, c'est un feu ; tantôt, c'est la Terre ; tantôt, c'est le Soleil. Jusqu'à ce que les hommes découvrent, après Pascal et Einstein, qu'il n'y a pas de centre du tout.

le fil du labyrinthe

Platon est un poète, un mathématicien, un metteur en scène et un philosophe. Aristote est un savant, un naturaliste, un biologiste et un philosophe. Il est le disciple de Platon et son opposé. Platon procède par petites touches, souvent presque hésitantes, par tableaux successifs, et, avec le personnage de Socrate, par questions et réponses. Aristote est le premier à construire un système rigoureux où tout le savoir de son temps est rangé et organisé. Il donne forme à ce savoir et cette forme, en retour, imprègne de son sens toute la matière qu'elle contient. En forçant un peu le trait, on pourrait voir dans Platon un artiste proche d'un peintre qui donnerait à contempler des images venues d'un monde plus beau et plus élevé que le nôtre et dans Aristote un sculpteur très savant qui ferait surgir d'un bloc de marbre les créatures et les choses de ce monde où nous vivons. Dans son *École d'Athènes* au Vatican, Raphaël représente Platon levant l'index vers le haut et Aristote l'abaissant vers le bas.

Ce qui occupe et Aristote et Platon, qui croient l'un et l'autre à une réalité dissimulée derrière les apparences, c'est la doctrine de l'être, c'est l'ontologie.

Platon cherche l'être dans le ciel des Idées éternelles et immuables où Socrate espère se rendre après sa mort. Aristote, avec le jeu de la matière et de la forme, des causes et des effets, fait descendre sur notre Terre et dans la vie de chaque jour un peu de la perfection secrète de l'être.

Aristote pensait que la Terre appartenait à ce monde changeant et imparfait où la vie, la fatigue et la mort le disputent à la perfection de l'être. Dans ce monde, constitué de terre, d'eau, d'air et de feu, le mouvement naturel était vertical. Toute chose allait en ligne droite, de haut en bas ou de bas en haut. L'air et le feu montaient vers le ciel, la terre et l'eau tombaient vers le sol. L'univers, en revanche, le monde parfait, celui du Soleil et des étoiles qui tournaient autour de la Terre, ne connaissait ni l'usure ni la mort. Il n'avait ni début ni fin. Il était immuable et éternel.

Revu et corrigé cinq cents ans plus tard par un astronome grec d'Égypte du nom de Ptolémée, qui fait la synthèse des connaissances acquises durant les quelques siècles précédents, l'univers platonicien et aristotélicien prend sa forme définitive. Le Soleil, la Lune, les planètes et les étoiles tournent selon un mouvement circulaire autour de la Terre immobile. La Terre occupe la position centrale, entourée de huit sphères de cristal concentriques qui portent respectivement la Lune, le Soleil, les cinq planètes connues à l'époque – Mercure, Vénus, Mars, Jupiter, Saturne – et enfin les étoiles. À la sphère la plus extérieure sont attachées les étoiles qui sont fixes, qui conservent la même position les unes par rapport aux autres et qui tournent en bloc. Ce qu'il y a au-delà de cette dernière sphère dépasse le savoir des hommes.

Le modèle de Ptolémée va s'imposer pendant près de deux millénaires avant d'être attaqué sur deux points essentiels : d'abord, il semble de moins en moins sûr que la Terre soit au centre de tout, et les quatre cavaliers de l'Apocalypse, Copernic, Galilée, Kepler, un peu plus tard Newton, proposent une autre hypothèse, plus hardie, plus séduisante et qui rend mieux compte des mouvements apparents des astres dans le ciel ; et puis, beaucoup plus tard, d'autres esprits audacieux vont finir par se demander si l'univers est vraiment aussi éternel et aussi immuable que le soutenait Aristote.

le rêve du Vieux

La question pour les hommes est moins de savoir si
j'existe ou si je n'existe pas – et *exister* est un drôle de
verbe quand il s'applique à l'être : peut-on dire que
l'*être existe* ? L'être est, c'est une affaire entendue ;
existe-t-il ? c'est une autre histoire – que de suivre
l'idée et l'image que les générations successives se sont
faites, dans des régions différentes, de ce rêve évident
et tout à fait invraisemblable auquel elles donnent le
nom de Dieu. Dans leur tête et dans leur cœur, je vais,
je viens, je disparais, je reparais. Les premiers hommes
m'ignorent. Mon règne s'établit assez tard. Avec
Abraham. Avec Aton, brièvement, à Tell el-Amarna, en
Égypte, au temps d'Aménophis IV. Avec Moïse. Avec
Jésus. Avec Mahomet. Dans le sillage des Barbares, qui
sont tous chrétiens – à l'exception des Huns – et qui
l'emportent sur l'Empire romain, je triomphe pendant
des siècles, pendant cette longue période qu'ils
appellent le Moyen Âge, puis tout au long des règnes
des califes de Bagdad, de Charles Quint, de Louis XIV,
des Bourbons, des Habsbourg, des Médicis, des
Romanov, des sultans de la Sublime Porte. Je donne
des signes de faiblesse sous les Lumières, je clignote

sous les Révolutions – en Toscane, en Angleterre, en France, en Russie, en Chine – et sous la démocratie. Le grand vent de la science me dessèche. Je dépéris. J'agonise. Ma mort est proclamée par Karl Marx et par Nietzsche. Je renais de mes cendres avec Chateaubriand, avec Dostoïevski, avec Péguy, avec Claudel, avec T. S. Eliot, avec Soljenitsyne, avec des bergers, des couturières, des repris de justice un peu partout et le poivrot du coin.

le fil du labyrinthe

Centré autour d'une Terre immobile, l'univers d'Aristote n'avait ni début ni fin. Il était éternel. Plusieurs siècles avant Aristote, vers l'époque de Ramsès II et de notre vieille guerre de Troie, il y avait pourtant l'amorce d'un autre modèle du monde. Attribuée à Moïse, rédigée en hébreu bien avant d'être traduite en grec par les Septante et en latin par saint Jérôme, la Genèse, premier livre de la Torah des juifs, s'ouvre sur des mots fameux, appelés à un grand avenir :

Au commencement, Dieu créa le ciel et la terre.
La terre était informe et vide ; les ténèbres régnaient sur l'abîme, et l'esprit de Dieu planait sur les eaux.
Dieu dit : Que la lumière soit ! Et la lumière fut. Dieu vit que la lumière était bonne ; et Dieu sépara la lumière d'avec les ténèbres. Dieu appela la lumière jour, et il appela les ténèbres nuit. Ainsi, il y eut un soir, et il y eut un matin : ce fut le premier jour.

Plusieurs choses considérables et nouvelles apparaissent dans ces lignes fondatrices de plusieurs religions et plus célèbres que tous les ouvrages parus avant ou après elles : un premier jour, un commencement du monde, un Dieu créateur de l'univers – et d'abord de la lumière qui précède tout le reste.

La Torah constitue le début et le sommet de l'Ancien Testament, où figurent aussi les Prophètes, les Livres historiques, le Livre de Job, les Psaumes, les Proverbes, l'Ecclésiaste et le Cantique des cantiques. Un peu plus ou un peu moins d'un millénaire plus tard, suivi du Nouveau Testament, composé des quatre Évangiles, d'un certain nombre d'Épîtres, pour la plupart de saint Paul, et de l'Apocalypse de saint Jean, l'Ancien Testament fait partie de la Bible des chrétiens qui allait nourrir la pensée et l'œuvre d'une foule innombrable de croyants et notamment de deux des plus illustres parmi les Pères de l'Église et les théologiens chrétiens : saint Augustin et saint Thomas d'Aquin.

Converti à trente-trois ans, après une vie dissolue et plusieurs années d'études en philosophie, auteur des *Confessions*, un des plus beaux textes de toute la littérature philosophique, et de *La Cité de Dieu*, ouvrage historique et politique rédigé au lendemain du sac de Rome par Alaric, roi – d'ailleurs chrétien – des Wisigoths, Augustin est un grand lecteur de Platon, de Plotin, de Cicéron. Huit siècles plus tard, l'ambition de Thomas d'Aquin est de réaliser une synthèse entre l'univers éternel du système d'Aristote – qui avait presque disparu d'Europe pendant le Moyen Âge avant d'y être ramené, en traduction, après un détour par l'Afrique du Nord et l'Espagne grâce surtout à des penseurs juifs et arabes – et la conception judéo-chrétienne d'un monde créé par Dieu.

Augustin et Thomas partagent une même croyance : ils ont l'un et l'autre cette vision intérieure de l'univers à laquelle des siècles de tradition chrétienne – reprise, en des termes différents, à partir du VIIe siècle, par l'islam de Mahomet – ont donné le nom de *foi*.

Pour Augustin, comme pour la plupart des autres penseurs chrétiens, se pose la question des rapports entre la foi et la raison. Héritière du *logos* grec, la raison a ses critères propres et ses exigences impérieuses. Elle ne se laisse pas intimider, elle ne tolère pas d'interruption, elle ne connaît pas de limites à ses interrogations. La foi, de son côté, se réfère à une Révélation qui est, pour le croyant, plus proche de la vérité que tout ce que la raison peut lui faire connaître, car la source de la Révélation n'est autre que Dieu lui-même – ce même Dieu qui nous a donné la raison. Et ce Dieu, dont tout dépend et qui sait tout d'avance, est le premier objet que la foi aidée par la raison ou la raison aidée par la foi s'efforcent de comprendre.

Entré dans l'ordre des dominicains que saint Dominique venait de fonder et reconnu par l'Église catholique comme le « docteur angélique », saint Thomas d'Aquin, à la différence de saint Augustin dont les *Confessions* sont plus proches de la démarche fluide d'un Platon que de la rigueur aristotélicienne, emprunte à Aristote l'aspiration à un savoir systématique – mais en y introduisant non seulement un Dieu créateur de l'univers, mais toute une hiérarchie des anges, formes pures intermédiaires entre la matière et l'être suprême qui est Dieu. Chargés notamment d'assurer la rotation des sphères cristallines d'Aristote et de Ptolémée et de veiller à la bonne marche de la machine céleste, les anges sont les mécaniciens du ciel.

Saint Thomas et saint Augustin ne s'opposent pas seulement sur le choix d'un schéma systématique ou souple. Mais aussi par leur tempérament, par leur manière d'être, par leur façon de penser et d'écrire et sur leur conception de la vie publique et de l'État.

Chantre de la beauté et de la bonté de la création, saint Augustin souligne l'incapacité de l'homme à faire son salut par lui-même. Il est du côté de la grâce.

Saint Thomas est du côté de l'ordre. Il remonte tout le long de la chaîne des êtres connus jusqu'aux anges et jusqu'à Dieu. Pour saint Augustin, qui assiste à l'écroulement de l'Empire romain et à ce coup de tonnerre qu'est la chute de la Ville éternelle, l'État est une conséquence du péché originel. Il s'en méfie. Pour saint Thomas, toujours soucieux d'unification sans exclusion ni rupture, l'Église et l'État vont ensemble comme la grâce et la raison. Pour Augustin, la Cité de Dieu où règne la grâce est coupée de la Cité des hommes abandonnée aux intrigues et au mal, à ce qu'il y a de pire dans la raison. Pour Thomas, au contraire, il y a continuité entre le ciel et la terre. Le sens du tragique, de la déchirure, de la coupure lui est étranger. Il resserre entre l'Église et l'État les liens rompus par Augustin.

Philosophe de la grâce et de la prédestination, saint Augustin, au loin, mènera aux jansénistes, à Port-Royal, à Pascal. Partisan des anges et de la résurrection des corps, mais attaché à l'expérience et à toutes les continuités hiérarchiques des choses de ce monde, saint Thomas marquera de son empreinte et façonnera plus que personne la doctrine de l'Église catholique.

le rêve du Vieux

Est-ce que j'existe ? Dans la tête et le cœur d'une foule innombrable, oui, sans le moindre doute. Jamais rêve de gloire ou d'amour n'a occupé les esprits avec tant de force et de constance que la folie de Dieu. Sous les noms les plus divers, sous les formes les plus invraisemblables, il y a quelque chose qui court de génération en génération : c'est moi. Que feraient les hommes s'ils ne me cherchaient pas ? Ils me cherchent – et ils ne me trouvent pas. S'ils me trouvaient, ils ne penseraient plus à moi. Parce qu'ils me cherchent sans me trouver, parce qu'ils me nient, parce qu'ils m'espèrent, la seule pensée de Dieu ne cesse jamais de les occuper tout entiers. Je suis un Dieu caché. Dieu vit à jamais parce que les hommes doutent de lui.

le fil du labyrinthe

Athos, Porthos, Aramis, les trois mousquetaires d'Alexandre Dumas, étaient quatre. Les trois mousquetaires du monde nouveau sont un chanoine polonais, un astronome allemand, un mathématicien italien : Copernic, Kepler, Galilée. Quelques mois après la mort du dernier des trois naît le quatrième, et le plus grand de tous, le d'Artagnan de la cosmologie, Newton, un Anglais. À eux quatre, ils bouleversent l'univers d'Aristote et de saint Thomas d'Aquin.

Les artisans de ce renversement sont, bien sûr, plus de quatre. Un Nicolas de Cues, cardinal allemand du xve siècle, un Tycho Brahé, astronome danois qui pensait – avant de mourir à Prague d'un éclatement de la vessie pour n'avoir pas osé se retirer à temps d'un banquet interminable auquel assistait l'empereur romain germanique – que les planètes tournaient autour d'un Soleil qui tournait lui-même autour de la Terre, un Giordano Bruno, moine italien de saint Benoît, qui imaginait un nombre infini de mondes habités par un nombre infini de créatures, brûlé vif à Rome pour hérésie, jouent, parmi beaucoup d'autres, des rôles importants dans le grand complot qui, aux yeux de l'Église, semble dirigé contre l'ordre éternel voulu et établi par la divine Providence. Parmi tous ces acteurs, heureux ou malheureux, de la recherche de la vérité et du grand bouleversement, l'histoire des hommes retient surtout les noms de Copernic et de sa révolution, de Kepler et de ses ellipses, de Galilée et de son procès – et, après eux, mais d'abord et avant tout, le nom de sir Isaac Newton et de sa mécanique céleste.

Que propose Copernic ? Il propose de remplacer le modèle traditionnel d'Aristote et de Ptolémée, centré sur la Terre, par un modèle plus simple, centré sur le Soleil. C'est une révolution comparable en importance à la découverte du feu par les hommes de la préhistoire ou à l'invention de l'écriture. L'homme, mesure de toutes choses pour les Grecs, est déchu de son trône au centre de l'univers. Il est emporté dans un tourbillon où il n'est plus qu'un détail parmi d'autres. Pour Copernic, le Soleil est immobile au milieu de l'univers et les planètes – dont la nôtre – décrivent autour de lui des orbites circulaires.

Exposé non seulement, par prudence, sous le couvert de l'anonymat, mais de façon purement théorique et comme une simple hypothèse qui ne risquait pas de déclencher les foudres de l'Église catholique, ce modèle radicalement nouveau est repris et corrigé par Kepler qui avait étudié la théologie à Tübingen avant de se consacrer aux mathématiques et à l'astronomie. Kepler découvre que les orbites des planètes présentent la forme non pas d'un cercle, mais d'une ellipse.

Inventeur de la physique expérimentale, auteur d'expériences importantes sur la chute des corps, fondateur des sciences de la nature modernes, Galilée confirme et met en forme l'image du monde présentée comme un modèle mathématique et une hypothèse de travail par le chanoine Copernic. Il devient le champion de l'univers héliocentrique et traite de « simples d'esprit » les tenants de l'univers traditionnel où l'homme créé à l'image de Dieu est au centre du monde pensé par son créateur. C'est la goutte d'eau qui fait déborder le vase. L'Église ne peut plus fermer les yeux. Galilée est cité à comparaître devant l'Inquisition romaine, et il est condamné. Placé en résidence surveillée dans la petite ville d'Arcetri, près de Florence, il y meurt aveugle au terme de quelques années. Il est douteux qu'il ait jamais prononcé à propos de notre planète la formule fameuse : « *Eppur' si muove !* – Et pourtant, elle tourne ! »

le rêve du Vieux

Les hommes découvrent et ils inventent. Quand ils découvrent, les unes après les autres, les lois cachées de la nature et ce qu'ils appellent la vérité, ils font de la science. Quand ils se livrent à leur imagination et qu'ils inventent ce qu'ils appellent de la beauté, ils font de l'art. La vérité est contraignante comme la nature. La beauté est libre comme l'imagination.

Copernic découvre. Galilée découvre. Newton découvre. Einstein découvre. Et chacun d'eux détruit le système qui le précède.

Homère invente. Virgile invente. Dante invente. Michel-Ange, Titien, Rembrandt, Shakespeare, Racine, Bach et Mozart, Baudelaire, Proust inventent. Et aucun d'entre eux ne détruit les œuvres qui le précèdent.

le fil du labyrinthe

Le progrès technique joue un rôle décisif dans la construction du nouveau modèle de l'univers. Galilée est le premier à braquer vers le ciel un petit télescope inspiré d'un nouvel instrument hollandais et doté d'une lentille d'environ trois centimètres de diamètre, capable de grossir trente-deux fois et de faire passer le nombre des étoiles visibles dans la Voie lactée de quelques milliers à quelques millions. Il annonce, de loin, le grand télescope en forme de parabole perché, vers le milieu du XXᵉ siècle, sur le mont Palomar et les télescopes géants de quinze mètres de diamètre qui, un peu partout, se profilent à l'horizon et qui permettent de distinguer des objets célestes des millions de fois moins lumineux que l'étoile la plus faible visible à l'œil nu.

Au cœur de ce progrès technique, la lumière de Dieu telle que la chante la Genèse. Après tant d'efforts déployés pour capturer la lumière se pose le problème de la retenir prisonnière. Il s'agit d'enregistrer l'image aperçue dans le ciel pour la conserver et l'étudier. La découverte de la photographie à la fin du premier quart du XIXᵉ siècle par le Français Nicéphore Niépce ouvre des perspectives nouvelles et permet de fixer sur une plaque de verre ou sur du papier l'image de milliers d'étoiles.

L'essor de l'aviation et la conquête de l'espace font franchir une nouvelle étape dans la maîtrise de la lumière : placé en orbite il y a à peine une vingtaine d'années, le télescope spatial Hubble met à notre portée, avec dix fois plus de détails, des astres cinquante fois moins lumineux que ceux que nous présentaient les plus grands télescopes au sol.

La vitesse de la lumière est très grande – et même plus grande que tout : trois cent mille kilomètres à la seconde. Mais sa propagation n'est pas instantanée : la lumière met huit minutes pour nous parvenir du Soleil qui est à cent cinquante millions de kilomètres de la Terre, elle nous fait voir des étoiles mortes depuis longtemps, elle nous permet d'apercevoir des objets célestes qui remontent aux débuts de l'univers. Voir loin dans l'espace grâce aux télescopes d'aujourd'hui, c'est voir loin dans le temps.

le rêve du Vieux

Ce qu'il y a d'intéressant dans le roman du monde, c'est qu'il faut du temps pour que l'énigme se résolve. La découverte du passé est réservée à l'avenir. Les hommes, par la pensée, font en sens inverse le chemin suivi par l'histoire. Plus le monde vieillit, plus il en apprend sur sa jeunesse. Les hommes, à leurs débuts, ne savaient rien sur l'origine des choses. Ils en savent de plus en plus grâce au temps qui se déroule. Le passé s'éclaire à mesure qu'il s'éloigne. Ce n'est qu'à l'extrême fin du monde qu'une partie au moins des secrets de ses débuts obscurs pourront être révélés.

le fil du labyrinthe

Trois cents ans après la grande peste noire venue d'Orient qui avait frappé l'Europe et l'Asie et tué près de cent millions de personnes au milieu du XIVe siècle, le fléau ravageait encore beaucoup de villes et surtout beaucoup de ports. À Venise – où la peste avait emporté en quelques semaines d'été de 1576 plus du quart de la population, dont le vieux Titien, enseveli aux Frari entre son *Assomption* et sa *Madone Pesaro* –, Baldassare Longhena, pour remercier la Vierge de la fin de l'épidémie en 1630, avait élevé, derrière la Douane de mer, l'église de la Salute. Marseille sera atteinte plus tard, en 1720.

En 1666, pour échapper à la maladie qui sévit à Londres – bientôt en proie, comble d'infortune, à un incendie gigantesque qui ravagera les quatre cinquièmes de la Cité – et dans la plupart des villes, un jeune Anglais du nom d'Isaac Newton, qui vient d'achever des études brillantes à l'université de Cambridge, se réfugie chez sa mère, à la campagne. À vingt-trois ans, dans cette maison du Lincolnshire, il bouleverse le système de l'univers d'Aristote, de Ptolémée et de saint Thomas d'Aquin, déjà ébranlé par les découvertes de Copernic et de Galilée. En quelques mois, à l'écart de tout et de tous, alors que la peste poursuit ses maléfices autour de lui, il invente le calcul différentiel et infinitésimal, fait des découvertes fondamentales sur la nature de la lumière et découvre le principe de la gravitation universelle.

Comme Héraclite et Parménide qui se regardent en chiens de faïence, comme Aristote encadré par Platon et par Ptolémée, comme Galilée qui prend la suite de Copernic et de Kepler, Newton est loin d'être seul. À peu près à la même époque, un philosophe allemand du nom de Leibniz, adversaire et ami du juif portugais Spinoza qui vit à Amsterdam, travaille lui aussi sur le calcul infinitésimal. Et un mathématicien et astronome hollandais appelé Huygens poursuit, lui aussi, avec des idées très différentes, des recherches pleines d'avenir sur la nature de la lumière. Huygens est persuadé que la lumière est faite d'ondes ; Newton croit qu'elle est composée de corpuscules. Il faudra attendre Niels Bohr, Louis de Broglie et la mécanique ondulatoire pour établir, au XXe siècle, que la lumière est composée de particules qui ondulent.

Ce qui fait l'importance et la gloire de Newton aux yeux de ses contemporains et de ses successeurs, c'est qu'il propose une loi universelle qui remplace tous les systèmes du monde antérieurs et donne un visage radicalement nouveau à cet univers où sont jetés des hommes qui, par un miracle toujours inexpliqué, sont capables de le comprendre, de percer ses secrets et presque de le recréer.

le rêve du Vieux

Il n'y a jamais eu qu'un roman : c'est le roman de l'univers. Et il y a un seul romancier : c'est moi. Les autres, ceux qui écrivent des livres, qui obtiennent des distinctions et qui ramassent des lecteurs, qui deviennent célèbres et dont les noms flottent sur les lèvres des hommes, se contentent de combiner autrement, en se servant du langage que je leur ai donné, des fragments de ma création. On peut dire la même chose de ceux qui peignent et qui sculptent, qui font des films et du théâtre, de la musique, des opéras : ils se servent des yeux, des mains, des oreilles que je leur ai donnés pour rassembler des spectateurs, des auditeurs et des admirateurs prêts à les acclamer.

Il y a l'amour, le savoir, l'intelligence, la curiosité, l'ambition et tous leurs succédanés : la rivalité, la haine, l'envie, la jalousie, la fureur, la bêtise, la folie. Il y a la guerre, le chagrin, le malheur, la révolte. Vous mettez tout cela ensemble, vous secouez le puzzle, vous en faites tomber des morceaux, vous peignez des Vierge, des courtisanes et des pommes, vous sculptez des saints et des héros, vous élevez des pyramides, des temples, des cathédrales, des échangeurs et des ponts suspendus, vous écrivez des romans, des tragédies, des farces, des Mémoires, des symphonies, des systèmes de l'univers, des manuels du pêcheur ou du parfait bricoleur et des théogonies. Vous aimez, vous souffrez, vous vous souvenez, vous vous massacrez, vous découvrez des cieux : c'est le roman du monde.

le fil du labyrinthe

Pour dire les choses en une phrase, Newton découvre la loi de la chute des corps et l'applique au modèle de l'univers établi par Copernic et par Galilée.

L'origine de cette découverte est une image d'Épinal aussi célèbre que les légendes d'Adam et Ève dans le Paradis terrestre à la veille de leur chute, d'Œdipe aveugle guidé par sa fille Antigone, de Balzac en robe de chambre entouré de Vautrin et de Lucien de Rubempré devant sa tasse de café, de Proust cloué par l'asthme dans son lit de douleur parmi le flot de pape-rolles d'où sortira la *Recherche*. Au fond de la campagne anglaise, haies basses, pelouses très vertes, arbres fruitiers, ciel bleu pâle parsemé de nuages, Isaac est assis dans l'herbe à l'ombre d'un pommier. À quoi pense-t-il ? À rien peut-être. À Dieu. À ses études. Au mystère du monde et de l'être. Une pomme tombe de l'arbre sur sa tête ou à ses pieds. Une idée foudroyante lui traverse l'esprit : la pomme tombe du pommier parce qu'elle est attirée par la Terre.

Cette idée si simple – plus simple que celle d'Archimède jaillissant de son bain pour aller crier : « *Eurêka !* J'ai trouvé ! » dans les rues de Syracuse, aussi simple que celle de Christophe Colomb décidant, puisque la Terre est ronde, de partir à la rencontre des Indes par l'ouest au lieu d'aller les chercher par l'est comme tous les autres – va transformer le monde.

Découverte par Newton dans la campagne anglaise au temps de la peste de Londres, la loi de la gravitation universelle stipule que tout corps est attiré par tout autre corps selon une force d'autant plus grande que les corps sont plus massifs et plus proches. Le coup de génie de Newton est de faire le lien entre la chute de la pomme dans le jardin de sa mère et les mouvements de la Terre autour du Soleil et de la Lune autour de la Terre. La pomme, la Lune, la Terre et tous les astres dans le ciel obéissent à une seule et même loi : l'attraction universelle.

Les anciens modèles sont mis en pièces. Il n'y a plus de distinction entre le ciel et la Terre. Il n'y a plus de sphères de cristal, il n'y a plus d'anges pour les mettre en mouvement. Il y a une loi unique pour un monde où tout est toujours en mouvement et où tout est lié.

Newton ne se contente pas d'expliquer comment les corps se meuvent, il développe aussi les mathématiques complexes nécessaires à l'analyse de ces mouvements. Une fois lancé, un corps sur lequel ne s'exerce aucune force continue à se déplacer en ligne droite à la même vitesse. Mais tout corps attirant tout autre corps selon une force proportionnelle à la masse des deux corps et à leur distance entre eux, la Lune, au lieu de poursuivre son chemin tout droit, tourne autour de la Terre et la Terre, au lieu de continuer, elle aussi, tout droit, tourne autour du Soleil.

Si la Lune ne tombe pas comme la pomme sur la Terre, c'est que son mouvement naturel constitue une force qui s'oppose à la force de gravité. Cette force – dite centrifuge – qui repousse la Lune de la Terre est exactement égale et opposée à la force de gravité. Si la force d'attraction gravitationnelle l'emportait sur la force centrifuge, la Lune tomberait sur la Terre comme la pomme. Si la force centrifuge née du mouvement de la Lune l'emportait au contraire sur la force de gravitation, la Lune échapperait à l'attraction de la Terre et irait se perdre dans l'espace infini. Mais les deux forces s'équilibrent et s'annulent. La Lune s'obstine à tourner autour de la Terre comme la Terre s'obstine à tourner autour du Soleil. Et les lois de Newton prédisent avec exactitude les mouvements réguliers de la Terre, de la Lune et des autres planètes.

Trois quarts de siècle après la mort de Newton, Pierre Simon de Laplace, mathématicien et astronome français, fils de cultivateur, protégé de d'Alembert, examinateur du jeune Bonaparte à l'École royale militaire, professeur à l'École normale et à l'École polytechnique, spécialiste du calcul des probabilités, ministre de l'Intérieur le temps d'un éclair au lendemain du 18 Brumaire, comte d'Empire et marquis sous la Restauration, présente à Napoléon sa *Mécanique céleste*, inspirée des travaux de Newton et de ses successeurs. L'Empereur lui fait remarquer que Dieu n'apparaît nulle part dans son système du monde.

« Sire, lui répond Laplace, Dieu est une hypothèse dont j'ai cru pouvoir me passer. »

le rêve du Vieux

La révolution copernicienne, la loi de la gravitation universelle, les opinions du marquis de Laplace ne me font ni chaud ni froid. Je ne cesse jamais d'admirer les hommes et leurs efforts pour me comprendre et pour comprendre mon univers. Mais je ne cesse pas non plus de m'amuser des labyrinthes où ils se débattent, où ils prétendent m'enfermer et où ils essaient de me perdre.

Ce qui m'étonne le plus, c'est de voir mon nom mêlé à ces révolutions cosmologiques et à ces systèmes successifs. Ce n'est pas mon système qui s'écroule avec Newton. Ce qui s'écroule, c'est un système des hommes remplacé par un autre système des hommes. S'il y a quelque chose qui disparaît dans ce boulever-sement, ce n'est pas l'image de Dieu, c'est une certaine idée que les hommes se forgeaient de l'univers qui les entoure et dont ils font partie. Moi, je ne bouge pas. Pendant les travaux, mes affaires continuent.

Les sphères de cristal étaient absurdes. Les anges étaient inutiles. Je n'y étais pour rien. C'étaient les hommes qui les avaient inventés. Voilà qu'avec la gra-vitation universelle ils inventent autre chose qui rend mieux compte des apparences, mais qui ne répond pas

85

mieux à la question de savoir pourquoi les choses sont comme elles sont dans le ciel et sur la Terre. La réalité est toujours là. Et elle n'est rien d'autre que mon rêve toujours inexpliqué.

Un jeune Anglais de génie découvre que les astres dans le ciel tournent les uns autour des autres avec une précision telle qu'ils évitent à la fois de s'éloigner les uns des autres en une folie dissipative et de tomber les uns sur les autres en un magma indicible. Qu'est-ce qui les fait tourner ? Les hommes proclament, et ils ont raison, que c'est la loi de l'attraction universelle et de la gravitation. La loi ne fait qu'exprimer ma puissance avec beaucoup plus de rigueur que toutes les sphères de cristal et tous les anges réunis.

le fil du labyrinthe

Chassé par Copernic de sa place au centre du monde, jeté par Newton dans un univers mécanique, l'homme restait une créature créée par Dieu à son image. Ses ancêtres ne remontaient pas très loin et il gardait dans son cœur le souvenir enchanté de la vie idyllique et pleine de noblesse qu'ils avaient menée, avant la faute, dans le décor de rêve du Paradis terrestre. L'illusion n'allait pas durer longtemps. Une épreuve plus cruelle que toute la cascade des modèles successifs de l'univers l'attendait vers le milieu du Second Empire, au temps de Morny, d'Offenbach, de la reine Victoria, de la *Carmen* de Mérimée. Un Anglais, grand chasseur de bécasses et collectionneur de papillons, publie un ouvrage explosif : *De l'origine des espèces*.

Charles Darwin n'était pas le premier à s'occuper de la classification des êtres vivants. L'ancêtre est un naturaliste suédois du XVIIIᵉ siècle, Carl von Linné. Pour Linné – contrairement à Diderot qui, à peu près à la même époque, écrit avec génie : « Tous les êtres circulent les uns dans les autres. Tout est en un flux perpétuel. Tout animal est plus ou moins homme, tout minéral est plus ou moins plante, toute plante est plus ou moins animal. Il n'y a qu'un seul individu, c'est le tout. Naître, vivre et passer, c'est changer de forme » –, les espèces, créées par Dieu, sont fixes et obéissent à « une loi éternelle de reproduction et de multiplication ». Les chiens font des chiens, les chats font des chats.

Fondateur de la paléontologie, le Français Georges Cuvier entreprend des recherches sur les fossiles. Constatant leur diversité, il voit dans ces vestiges des preuves de l'existence d'espèces passées et disparues – mais non de l'évolution. Il reste fixiste. Les deux premiers naturalistes partisans d'une évolution des espèces et du transformisme sont Geoffroy Saint-Hilaire et Jean-Baptiste Lamarck.

Reprenant une idée de Goethe qui imaginait « qu'on pourrait déduire toutes les formes végétales d'une seule » et que toutes les plantes provenaient de variations sur le thème d'un archétype primordial, Geoffroy Saint-Hilaire – à qui Balzac dédie *Le Père Goriot* « comme un témoignage d'admiration de ses travaux et de son génie » – soutient que, d'un point de vue théorique, « il n'y a qu'un seul animal ». Tout animal habite soit à l'intérieur soit à l'extérieur de son squelette : les insectes ont leur squelette – leur carapace – à l'extérieur de leur corps ; les vertébrés – un mammifère, un oiseau, un reptile, un poisson... – ont leur squelette à l'intérieur de leur corps. La création, pour lui, résulte de la mise en jeu par le Créateur de quelques lois simples.

Jean-Baptiste Lamarck, de son côté, défend l'idée d'une complexité croissante des êtres vivants, il croit à leur diversification en fonction du milieu où ils évoluent et à l'hérédité des caractères acquis. Sa description de la girafe est célèbre : « On sait que cet animal, le plus grand des mammifères, habite l'intérieur de l'Afrique et qu'il vit dans des lieux où la terre, presque toujours aride et sans herbage, l'oblige de brouter le feuillage des arbres. Il résulte de cette habitude que son col s'est tellement allongé que la girafe atteint à six mètres de hauteur. » Lamarck ne croyait pas à une origine commune à l'ensemble des êtres vivants. Pour lui, les transformations successives et héréditaires se déroulaient en parallèle, chaque espèce se transformant et se diversifiant progressivement, à partir d'origines distinctes. Sa *Philosophie zoologique* paraît en 1809. La même année naît Charles Darwin dont la gloire éclipsera les vues novatrices et profondes de Lamarck.

le rêve du Vieux

Dieu est hors du temps. Mais il est aussi dans le temps parce que les hommes qui le pensent, qui l'adorent, qui le combattent sont emportés dans le temps. Dieu est éternel, et il a pourtant une histoire – qui est l'histoire des hommes

Dans cette histoire de Dieu et des hommes, il y a, entre le milieu du XIXe siècle et le début du XXIe, un peu plus de cent cinquante ans qui sont rudes pour un Dieu dénoncé et traqué par les hommes.

le fil du labyrinthe

Grand et fort, de santé médiocre, fils tranquille et soumis d'un médecin considéré et honorablement connu à l'époque, bon père, bon époux, plutôt conformiste, cet apôtre de la révolution la plus décisive des temps modernes passait, dans sa jeunesse, pour une tête en l'air. « Vous ne vous souciez que de la chasse, des chiens et des rats, grondait son père, le médecin. Vous serez une honte pour votre famille et pour vous-même ! » La tête en l'air, qui suit à Oxford quelques cours de botanique, se prépare à devenir pasteur quand une chance imprévue s'offre à elle : on lui propose de partir, au titre d'homme de compagnie du capitaine Robert Fitz-Roy, âgé de vingt-six ans et au caractère difficile, pour un très long voyage d'étude. Il accepte. Il embarque sur le *Beagle* qui, le 27 décembre 1831, « après avoir été plusieurs fois rejeté vers les rivages par de lourdes rafales de vent du sud-ouest », lève l'ancre à Plymouth pour un tour du monde de cinq ans. Le 2 octobre 1836, le *Beagle* est de retour à Falmouth.

Tout au long de cette navigation de cinq ans, au Brésil, en Argentine, aux îles Falkland, à la Terre de Feu, au Chili, aux îles Galápagos d'où il ramène toute une série de pinsons, en Australie, aux îles Cocos, à l'île Maurice, en Afrique du Sud, il recueille des informations, il accumule des observations, il amasse des découvertes – et il contracte une fièvre qui ne le quittera plus jamais. Un quart de siècle plus tard, après avoir lu Malthus, qui soutient que les hommes sont trop nombreux sur la Terre parce que la population croît selon une progression géométrique – 1,2,4,8,16,32... – alors que les moyens de subsistance augmentent selon une progression arithmétique – 1,2,3,4,5,6... –, et épousé sa cousine Emma qui lui donnera dix enfants, il publie à Londres, le 24 novembre 1859, *De l'origine des espèces* qui connaît un succès inouï : tirée à mille deux cent cinquante exemplaires, la première édition est épuisée dans la journée. Le succès prend aussitôt l'allure d'un scandale sans précédent. Vingt-trois ans plus tard, la tête en l'air sera enterrée, aux côtés d'Isaac Newton, à l'abbaye de Westminster.

Que dit l'auteur de cette bombe ? Il affirme que toutes les espèces vivantes descendent d'un ancêtre commun et qu'une sélection naturelle, inspirée de Malthus, élimine les moins adaptés. Non seulement tous les hommes sont frères, mais tous les êtres vivants sont cousins et partagent la même origine, d'une effroyable modestie. Darwin se garde bien d'évoquer dans son ouvrage la parenté entre l'homme et le singe. Mais nul ne s'y trompe. Le livre de Darwin tisse des liens étroits entre l'humanité et le règne animal, entre les singes et les hommes, et il heurte les sentiments d'une immense majorité de lecteurs.

En juin 1860, sept mois après la parution de son livre, un débat historique se déroule à Oxford devant sept cents personnes. D'un côté, le féroce évêque d'Oxford, Samuel Wilberforce ; de l'autre, un fervent partisan de l'évolution, le physiologiste et embryologiste Thomas Huxley, surnommé « le bouledogue de Darwin », grand-père de deux frères illustres : Julian Huxley, biologiste, professeur de zoologie, premier directeur général de l'Unesco, et Aldous Huxley, romancier et essayiste, auteur, au scepticisme corrosif et paradoxal, influencé sur le tard par le bouddhisme et par l'Inde, de toute une série de chefs-d'œuvre étourdissants, parmi lesquels *Contrepoint* et *Le Meilleur des mondes*.

Un dialogue célèbre, déjà saisi par la légende, qui l'a sans doute embelli, s'instaure entre Wilberforce et Huxley. L'évêque demande au partisan de Darwin si c'est par son grand-père ou par sa grand-mère qu'il entend descendre du singe. Et Thomas Huxley lui réplique qu'il préfère de loin avoir un singe pour ancêtre plutôt qu'un évêque imbécile qui refuse de regarder la vérité en face.

C'est que, beaucoup plus que les systèmes de Copernic ou de Newton, le transformisme et la théorie de l'évolution constituent une révolution aux conséquences meurtrières pour la religion et la foi. L'homme n'est plus créé par un Dieu qui le façonne à son image : il sort d'un processus sans volonté extérieure et sans cause, sans aucune finalité et dépourvu du moindre sens qui lui serait imposé du dehors. Déjà chassé du centre de l'univers, le voilà dépouillé de sa couronne de fleuron suprême de la création. Il est à l'image de ces singes dont il est le cousin plutôt qu'à celle d'un Dieu dont il n'est plus le fils. Si Darwin a raison, à quel stade d'une évolution qui s'étend sur des millions d'années une âme d'origine divine aurait-elle pu être introduite dans le corps de ces hommes qui sortent d'animaux qui sortent eux-mêmes de plantes qui sortent elles-mêmes de bactéries ? Nous sommes des primates, des oiseaux, des poissons, des arbres, des algues, des bactéries, de la poussière d'étoiles. Où pourrait bien se glisser le péché originel ? Si les singes et nous, les chiens et les chats, les tigres, les éléphants, les tortues et les éponges, les algues et les bactéries avons tous une source commune, Dieu a-t-il encore un rôle dans l'évolution de la vie ? Occupe-t-il encore une place dans ce monde livré à lui-même ?

Au moment où l'homme découvre l'humilité de ses origines, l'orgueil l'envahit : la théorie de l'évolution a rendu Dieu superflu.

le rêve du Vieux

Et l'évolution, d'où sort-elle ? De rien, de l'air du temps, du hasard, de la nécessité ? La nécessité, la loi, les nombres, l'ordre des choses, ce ne serait pas moi ? Le hasard, la surprise, l'inattendu, l'avenir, ce ne serait pas moi ? Et le temps, ce n'est pas moi, peut-être ? Et le rien, ne serait-ce pas moi ? Je suis le tout et le rien. Le tout, c'est moi. Et le rien aussi. Tout ce qui se passe dans leur monde qui est d'abord le mien ne provient que de moi. Et quand ils croient qu'il n'y a rien, c'est encore moi qui suis là.

Ils me refont le coup de la gravitation. Ils découvrent peu à peu et mes voies et mes lois parce que je leur permets de les découvrir et ils me les jettent à la figure en poussant les hauts cris : « Le Vieux n'est plus bon à rien ! Le Vieux est devenu inutile ! » Si j'étais un de ces hommes dénoncés comme orgueilleux et arrogants par le chasseur de bécasses converti à la taxinomie et qui se réclament des singes dont ils se savent différents, je leur lancerais : « Poussière d'étoiles ! mon cul. »

le fil du labyrinthe

L'Église catholique ne met pas longtemps à réagir. Dès 1860, un an après la parution de l'ouvrage de Darwin, à peu près à l'époque de la controverse entre Wilberforce et Huxley, l'épiscopat allemand prend officiellement position contre les théories de l'auteur à l'occasion d'un concile spécial tenu à Cologne. Il déclare que l'origine du corps humain né de l'évolution à partir d'espèces animales supérieures est en contradiction avec l'Écriture sainte et doit être rejetée comme incompatible avec la foi catholique. Il faudra attendre le milieu du xxe siècle pour que le Vatican autorise les chercheurs catholiques à travailler sur le problème, toujours non résolu, d'une évolution du corps de l'homme. En 1996, Jean-Paul II affirme, à propos de l'évolution, que « la théorie est plus qu'une hypothèse ». L'origine du genre humain à partir d'un couple primitif cesse de constituer un article de foi. Elle reste une croyance largement répandue au sein de l'Église catholique.

Dans les pays à majorité protestante, et notamment aux États-Unis, la réaction est plus vive encore. Fondamentalistes et évangélistes ont du mal à accepter que les êtres humains ne descendent pas d'Adam et d'Ève. En 1924, le Tennessee est le premier État de l'Union à interdire l'enseignement de la théorie de l'évolution. L'année d'après, un procès, appelé le « procès du singe », est intenté avec succès à un professeur de biologie qui faisait remonter au règne animal la généalogie des êtres humains. En 1981, l'Arkansas et la Louisiane envisagent de renvoyer dos à dos créationnisme et évolution en attribuant un temps égal à l'enseignement des deux théories. La Cour suprême s'y oppose : elle déclare que le créationnisme n'est pas une théorie scientifique, mais une doctrine religieuse. En 2008, alors que le candidat républicain, John McCain, bien qu'adhérant personnellement au darwinisme, estime que « chaque Américain devrait être informé des deux théories », le candidat démocrate, Barack Obama, se déclare hostile à l'enseignement du créationnisme dans les écoles publiques. En 2004, d'après un sondage de l'institut Gallup, 45 % des Américains croient que « Dieu a créé les humains dans leur forme actuelle ». En 2009, 48 % des Américains estiment que la théorie de l'évolution, est « la meilleure explication de la vie sur la Terre ».

le rêve du Vieux

*Mes ennemis s'agitent et s'enhardissent contre moi ;
et ceux qui me haïssent injustement se sont multipliés.*

*Ils me rendent le mal pour le bien ; ils me déchirent
parce que je m'attache au bien.*

*Ils ont percé mes mains et mes pieds, ils ont compté
tous mes os.*

*Ils sont là à me regarder, à me considérer ; ils se
sont partagé mes vêtements, ils ont tiré au sort ma
tunique.*

Oui, bien sûr, les choses ont changé. Longtemps, le
destin des hommes a dépendu de Dieu. Maintenant,
après Newton et Darwin, et surtout après Marx,
Nietzsche et Freud, le destin de Dieu dépend des
hommes.

Mais qui croira que le sort de l'être est entre les
mains des créatures ? L'être est, et il n'y a rien d'autre
à en dire.

le fil du labyrinthe

Darwin était un homme attachant et modeste : « Étant donné la médiocrité de mes capacités, il est vraiment surprenant que j'aie aussi considérablement influencé l'opinion des hommes de science. » Il avait été bouleversé par sa propre découverte et il s'était éloigné lentement, graduellement, presque à contrecœur et contre sa volonté, de la foi de son enfance. Quelques années après son mariage, bien avant la publication de son grand ouvrage, il confie à un ami qu'il est « presque entièrement convaincu que les espèces ne sont pas immuables ». Et il ajoute : « C'est comme confesser un meurtre. » Toute sa vie, il a conservé une lettre de sa femme Emma où, après lui avoir parlé du « danger d'abandonner la révélation », elle lui écrivait : « Je serais extrêmement malheureuse si je pensais que nous ne nous appartenons pas l'un à l'autre pour l'éternité. » Sur cette lettre, il avait griffonné de sa main ces mots fiévreux et un peu heurtés : « Quand je serai mort, sache que bien souvent j'ai embrassé et pleuré sur ça. »

Ce qui donne à sa théorie de l'évolution des espèces son intensité dramatique, c'est moins l'origine commune, la parenté étroite entre les êtres humains et le règne animal, la sélection naturelle, la lutte pour la vie, inspirée de Malthus – *struggle for life* –, que l'élimination radicale de tout projet d'ensemble, de toute volonté extérieure, de toute intention divine et de toute finalité. La création du monde par Dieu, c'était toute l'histoire déterminée d'emblée sous forme de projet et attirée par une fin établie à l'avance. La théorie de Darwin substitue à cette odyssée divine, à cette théodicée une descendance avec modifications infimes, aléatoires et répétées où survivent les plus aptes et les mieux adaptés. La création se change en émergence et peut enfin être pensée sans Créateur.

Darwin avait d'abord considéré que « l'être humain – le merveilleux être humain » pouvait constituer une exception dans le mécanisme de l'évolution. « Je ne suis pas un athée, écrivait-il ; j'ai simplement libéré le Créateur de toute responsabilité dans cette longue aventure, merveilleuse et tragique, terrifiante, absurde et cruelle, qui nous a donné naissance. » Mais l'évidence s'impose : non, l'homme « n'est pas une exception ». Il doit être « soumis à la même loi ». Douze ans après *De l'origine des espèces* qui reste prudent et à peu près muet sur ce sujet, *La Généalogie de l'homme* lève toute ambiguïté et applique à l'être humain les lois de l'évolution. Semblable à toutes les autres espèces, l'homme n'a pas besoin de Dieu.

le rêve du Vieux

« Hier, je me suis endormi dans l'herbe et je me suis réveillé avec un chœur d'oiseaux qui chantaient autour de moi, avec des écureuils qui grimpaient aux arbres, avec un pivert qui riait, et c'était une scène ravissante, et je me moquais comme d'une guigne de l'origine de ces oiseaux et de ces animaux. » Qui a écrit ces lignes ? C'est Darwin. Le même Darwin parle quelque part de « l'infinité des formes les plus belles et les plus merveilleuses ». Et il ajoute que là est « la question la plus intéressante, la véritable âme de l'histoire naturelle ».

Le monde n'est pas un chaos. Il y a de l'ordre dans l'univers. Et il y a de la beauté dans l'univers. D'où vient l'ordre ? D'où vient la beauté ? Personne n'ôtera de la tête de beaucoup d'êtres humains l'idée que le monde est un projet en œuvre et qu'en dépit de tant de mal et de tant de souffrances, il garde un sens caché.

La science d'aujourd'hui détruit l'ignorance d'hier et elle fera figure d'ignorance au regard de la science de demain. Dans le cœur des hommes il y a un élan vers autre chose qu'un savoir qui ne suffira jamais à expliquer un monde dont la clé secrète est ailleurs.

le fil du labyrinthe

Darwin ne découvre pas seulement les lois de l'évolution et de la sélection naturelle, il bouleverse aussi la chronologie de l'univers et de la vie.

L'âge de l'univers a fait l'objet depuis la nuit des temps de spéculations innombrables et contradictoires. En dépit de la généalogie et de la mythologie des dieux de l'Olympe qui s'engendrent les uns les autres avant de devenir immortels et de donner naissance au Ciel, à la Terre, à l'Océan, Aristote, comme la plupart des philosophes grecs, pensait que le monde était éternel. Les juifs et les chrétiens, au contraire, croyaient à un début de l'univers : la Bible enseigne que Dieu créa le monde en six jours avant de se reposer le septième, origine du shabbat juif, du dimanche chrétien, du vendredi musulman. Pour saint Augustin, l'univers a quelque cinq mille ans. Au XVIIe siècle, au terme d'une enquête minutieuse sur les chronologies bibliques qui a dû lui coûter beaucoup de temps et d'efforts, l'archevêque anglican James Ussher fixe la date de la création du monde au 23 octobre 4004 avant Jésus-Christ, entre neuf heures du matin et quatre heures de l'après-midi.

Bossuet croit encore à un univers âgé de quelques milliers d'années. Buffon hésite entre des durées très diverses – de soixante-quinze mille à deux cent mille ans. Il incline, en fin de compte, avec prudence, à plusieurs centaines de milliers d'années, mais indique : « Plus nous étendrons le temps et plus nous approcherons de la vérité et de la réalité de l'emploi qu'en a fait la Nature. » Beaucoup de fondamentalistes américains attachés à la Bible sont toujours persuadés que la création du monde remonte à quatre mille ans. Quelques-uns d'entre eux poussent l'audace jusqu'à dix mille ans – date approximative de la fin de la dernière glaciation. À qui leur objecte la découverte avérée de roches, de plantes, d'ossements bien antérieurs à la date supposée de la création, ils répondent que Dieu, en même temps que le monde, a créé les fossiles pour éprouver ses fidèles.

Pour la première fois, la théorie darwinienne de l'évolution réunit la botanique, la paléontologie, l'embryologie et la zoologie dans la biologie, une science générale de la vie, capable d'expliquer l'émergence, au cours de centaines de millions d'années, des bactéries, des algues bleues, des organismes multicellulaires, des méduses, des invertébrés, des plantes vertes, des poissons, des insectes, des forêts, des premiers oiseaux, des reptiles et des dinosaures – qui, pour une raison ou pour une autre, peut-être la chute d'un astéroïde, sont rayés de la carte il y a soixante-cinq millions d'années –, des mammifères, des fleurs et des vertes prairies, et enfin des primates d'où sortent successivement, il y a quelques instants à peine, les différentes images de l'homme, de l'*Homo habilis* qui se sert de ses mains pour construire des outils et de l'*Homo erectus* qui marche sur ses deux pieds de derrière et qui regarde le ciel à notre *Homo sapiens* qui se pense lui-même et qui pense l'univers.

La formidable différence entre le monde immuable des Grecs, de Descartes, de Newton et le monde de l'évolution, c'est que Darwin fait sortir la vie d'une longue histoire qui s'étend sur des millions et des millions d'années.

Dans sa *Critique de la raison pure*, parue à la veille de la Révolution française et qui est à la philosophie ce que la révolution copernicienne est à l'astronomie, Kant passe en revue quatre fameuses apories – c'est-à-dire quatre alternatives sans issue, quatre contradictions auxquelles il est impossible d'échapper et auxquelles il donne le nom d'« antinomies ». La quatrième antinomie concerne l'opposition dans l'univers entre la contingence et la nécessité ; la troisième, le caractère rigoureusement déterminé de notre monde et la possibilité d'y accomplir des actes apparemment libres ; la deuxième, l'indivisibilité ou la divisibilité à l'infini de la matière. La première antinomie kantienne est la plus simple et la plus dramatique : le monde est-il fini ou est-il infini ? Kant constate en conclusion qu'il est impossible de choisir entre les deux thèses : il n'est permis de se prononcer ni pour un monde fini ni pour un monde infini. Trois quarts de siècle après la publication de la *Critique de la raison pure*, *De l'origine des espèces* ne résout pas l'alternative établie par Kant et réputée par lui insoluble. En exposant sa théorie de l'évolution, Darwin fait autre chose, et mieux : il ouvre un chemin nouveau, il allonge l'histoire de la vie et du monde et lui attribue dans le temps des dimensions jusqu'alors impensables.

Kant appartient à la fin du XVIIIe siècle. Darwin publie sa grande œuvre vers le milieu du XIXe. Il faudra attendre la deuxième moitié du XXe siècle pour qu'il puisse être possible d'envisager une origine – une origine en vérité très lointaine, mais tout de même une origine – à ce monde qui avait été considéré successivement comme clos et comme infini et qui, en fin de compte, n'est peut-être pas éternel.

le rêve du Vieux

Leurs peintres, leurs sculpteurs, leurs écrivains, leurs philosophes m'imaginent souvent irrité, accablé, vindicatif, en colère. Je ne suis, bien sûr, rien de tout cela. Si j'étais quelque chose d'humain, de trop humain, je serais plutôt enchanté de mon œuvre et léger comme ces anges que leurs ailes empêchent de tomber dans les abîmes des pensées et des sentiments qui vous agitent, vous autres, les hommes, emportés par l'orgueil.

Il arrive au monde de me causer du chagrin. Mais le plus souvent il m'amuse. Il est plein de surprises. Ce qui m'est ôté par Darwin m'est rendu par Einstein.

le fil du labyrinthe

Ce que découvre le XXe siècle, grâce aux techniques nouvelles et aux mathématiques qui s'épaulent les unes les autres, c'est que l'univers est fait de deux immensités opposées et symétriques – l'immensément grand et l'immensément petit – auxquelles il est impossible de penser sans éprouver un vertige et que tout bouge et se déplace, et dans l'une et dans l'autre, à des vitesses stupéfiantes.

Une galaxie est un ensemble d'une centaine, d'un millier, d'une dizaine de milliers de milliards d'étoiles. La Terre appartient à une galaxie plutôt modeste que nous appelons la Galaxie tout court ou, plus poétiquement, la Voie lactée et qui contient cent milliards de soleils. À des milliards de kilomètres se situe la galaxie la plus proche de la nôtre, une galaxie jumelle baptisée Andromède.

La Terre nous entraîne à trente kilomètres par seconde autour du Soleil qui se jette à son tour, et nous avec lui, autour du centre de la Voie lactée à deux cent trente kilomètres par seconde. La Voie lactée et sa lointaine compagne Andromède tombent l'une vers l'autre à quatre-vingt-dix kilomètres par seconde. Elles appartiennent toutes les deux à ce que les astronomes appellent le « groupe local ». Ce groupe local se déplace, à son tour, à six cents kilomètres par seconde vers l'amas ou le superamas de la Vierge, de l'Hydre et du Centaure. La danse bien réglée des étoiles ne s'arrête pas là : cet ensemble qui défie l'imagination tombe lui-même vers une autre grande agglomération de galaxies dont nous ne savons presque rien et que les astronomes, faute de mieux, ont surnommé le « Grand Attracteur ». Au-delà du Grand Attracteur se déploient une centaine ou un millier, on ne sait pas bien, de milliards de galaxies.

Ce ballet cosmique qui emporte chacun de nous ne constitue qu'un épisode très mineur de la mécanique céleste mise en marche par Copernic, par Galilée, par Newton et présentée à l'état de brouillon par le malheureux Laplace à l'Empereur des Français qui s'imaginait puissant parce qu'il régnait sur l'Europe. Trois autres constructions intellectuelles vont bouleverser à nouveau l'idée que nous nous faisons du monde autour de nous : l'observation de la fuite des galaxies, la constatation du rayonnement fossile de l'univers et enfin, et surtout, la théorie de la relativité générale.

le rêve du Vieux

Ah ! très bien ! les choses s'arrangent. Je suis un maître de ballet. Je danse avec le monde. On peut toujours me mettre dehors et me jeter à la porte. Voilà que je rentre par la fenêtre.

le fil du labyrinthe

Edwin Hubble – qui devait donner plus tard son nom au télescope spatial – était un avocat américain qui avait renoncé au barreau pour se consacrer aux étoiles. Après avoir démontré pour la première fois l'existence de corps célestes au-delà de notre Voie lactée, Hubble fit une observation cruciale : en plus des mouvements d'attraction locale ou régionale que nous venons d'évoquer, les galaxies lointaines, où que nous regardions dans l'immense univers, semblent fuir à toute allure, et d'autant plus rapidement qu'elles sont plus éloignées. Le gigantesque système des galaxies ne se contente pas de remplir l'espace : à la manière d'un ballon qui ne cesserait jamais de se gonfler, il est en expansion dans toutes les directions à une vitesse prodigieuse et accélérée.

Cette constatation entraîne une hypothèse : dans un passé lointain, les objets célestes ont été plus proches les uns des autres et il existe un moment, il y a quelques milliards d'années, où ces différents objets étaient rassemblés en un point minuscule qui constituait à lui seul tout l'univers de l'époque et où la densité de l'univers était infinie. Ce qui naissait peu à peu des observations d'Edwin Hubble, c'était l'idée encore floue de la possibilité d'une expansion de l'univers à partir d'un événement primitif à l'état d'hypothèse.

le rêve du Vieux

Tiens ! Voyez-vous ça !
Ce n'est pas à moi que vous allez apprendre que les hommes ont des sens destinés à beaucoup d'usages – et notamment à voir et à entendre, à regarder et à écouter.

le fil du labyrinthe

Hubble s'était servi de ses yeux pour contempler le ciel et pour construire sa théorie. Trente-cinq ans plus tard, ce sont des oreilles qui entrent en jeu. Une équipe de deux chercheurs testaient pour la compagnie de téléphone Bell une espèce de radar, un détecteur de sons ultrasensible, quand elle fut gênée par un bruit insolite qui semblait venir de nulle part. Les deux physiciens inspectèrent leur instrument et découvrirent des fientes d'oiseaux à l'intérieur du détecteur. Ils pensèrent avoir été victimes d'un volatile et reprirent leur recherche après nettoyage. Le bruit était toujours là. Quelle que fût la direction dans laquelle le détecteur était pointé, et le jour et la nuit, bien que la Terre tourne autour de son axe et autour du Soleil, le bruit était toujours le même. Les deux hommes mirent un peu de temps à comprendre que ce qu'ils entendaient, c'était la musique de la création. Leur radiotélescope percevait la survivance fossile du rayonnement né du phénomène primordial qu'avait annoncé Edwin Hubble.

La fuite des galaxies découverte par Hubble et le rayonnement fossile qui baigne tout l'univers constituaient une forte présomption en faveur d'un début de

113

l'univers et d'un événement singulier et violent qui se serait poursuivi jusqu'à nous et au-delà par une expansion de l'univers. Restait à fournir à ces observations un cadre d'ensemble où elles puissent prendre place et se déployer. Ce sera l'œuvre d'Albert Einstein et de sa théorie de la relativité générale.

le rêve du Vieux

Albert Einstein en restaurateur de la foi et en Père de l'Église ! Franchement, j'aurai tout vu.

le fil du labyrinthe

Dès 1905, avec sa théorie de la relativité restreinte, Albert Einstein avait démontré que l'espace et le temps n'étaient pas universels, absolus et indépendants l'un de l'autre comme l'imaginait Newton et comme nous le croyons encore volontiers, mais qu'ils étaient inextricablement liés et qu'ils variaient en fonction du mouvement de leur observateur. Tout voyageur en avion qui s'empêtre dans les fuseaux horaires et qui, soit dans le sens du Soleil soit à contresens du Soleil, ne sait plus où il en est, peut déjà se faire une vague idée des relations difficiles entre l'espace et le temps et de leur interaction. Jouant avec la lumière et sa propagation, les télescopes géants qui permettent de voir très loin dans le temps en regardant très loin dans l'espace illustrent assez bien les mystères de la relativité. Contrairement à ce que semble indiquer leur trompeuse dénomination, les années-lumière ne fournissent pas une mesure du temps, mais de l'espace. Une année-lumière est la distance parcourue en une année par la lumière qui se déplace à la vitesse de 300 000 kilomètres à la seconde – soit un peu moins de dix mille milliards de kilomètres. Exactement : 9 460 milliards de kilomètres.

Dans l'immense univers, les années-lumière mêlent allègrement l'espace et le temps.

Que nous apprend la relativité restreinte ? Elle nous apprend que plus vous vous déplacez vite dans l'espace, plus le temps ralentit. C'est étrange, mais c'est comme ça. Le fameux exemple des jumeaux dont l'un part dans l'espace à bord d'une fusée très rapide pendant que l'autre reste à terre a fait tourner beaucoup de têtes : quand le voyageur de l'espace revient dix ans plus tard d'après sa montre et son calendrier, son frère resté à terre a vieilli de vingt ans. Plus vous vous approchez de la vitesse de la lumière, plus le temps s'écoule lentement. Pour éviter de vieillir, il faut aller très vite. À la vitesse de la lumière, l'idée que nous nous faisons du temps explose littéralement.

Déjà difficile à imaginer, et même à concevoir, la relativité restreinte n'était pourtant que l'introduction à un mystère plus impénétrable encore. Entre 1914 et 1916, en pleine guerre mondiale, éclate une nouvelle passée inaperçue sous le fracas des bombes : Einstein annonce la fin du règne de Newton et la naissance d'une nouvelle théorie de la gravitation universelle, baptisée relativité générale.

La Lune tourne autour de la Terre. Selon Newton, elle était en équilibre entre la force gravitationnelle qui l'attirait vers la Terre et la force centrifuge, résultant de son mouvement naturel, qui l'éloignait de la Terre. L'univers de Newton est un monde de forces qui s'annulent. Avec Einstein, les forces disparaissent. La courbure de l'espace les remplace. Ce que découvre Einstein et qui heurte si fort notre sens commun, c'est que la vitesse dilate et allonge le temps et que la matière courbe l'espace. Selon la formule de Trinh Xuan Thuan dans *La Mélodie secrète*, « c'est l'espace devenu actif qui conduit le bal et dicte les mouvements.

Einstein libère l'espace de sa rigidité. L'espace élastique peut s'étirer, se rétrécir, se déformer au gré de la gravité. Et c'est la forme finale de cet espace qui dicte les mouvements des objets ou de la lumière qui le traversent ».

Cet univers en mouvement perpétuel aurait dû, d'entrée de jeu, être décrété en expansion. Mais, à l'époque, l'idée d'un univers en expansion était encore dans les limbes. Pour maintenir la fiction d'un univers statique, Einstein se résigne à toute une série d'astuces subalternes qu'il regrettera plus tard amèrement et qu'il qualifiera de « plus grosse erreur de [s]a vie ». C'est seulement quatorze ans plus tard, en 1929, après avoir appris la découverte de la fuite des galaxies qui entraînait la possibilité d'un univers en expansion, qu'Einstein alla rendre visite à Edwin Hubble au mont Wilson et que, renonçant à son univers statique, il adopta le modèle d'un monde en expansion qui fournissait un cadre idéal aux observations sur la dispersion des galaxies et sur le rayonnement fossile. La voie était ouverte à l'hypothèse d'une explosion primordiale à l'origine d'une expansion qui se poursuit encore sous nos yeux.

le rêve du Vieux

« Que la lumière soit ! » C'est avec la lumière que s'ouvre le Livre de la Création, des prophètes et des saints. C'est avec la lumière que se construit l'univers de la science, des savants et des hommes. La lumière ! Pas les couleurs ! La lumière. Ce qui permet au monde d'être créé, d'être vu, d'être mesuré, d'être compris et expliqué. Qu'il y ait comme un lien entre la lumière de l'univers et les lumières de l'esprit est un miracle permanent. « Ce qu'il y a de plus incompréhensible, disait le père de la relativité générale, c'est que le monde soit compréhensible. »

le fil du labyrinthe

Le nom de « big bang » fut donné par dérision, vers le milieu du XXe siècle, à l'explosion primordiale. L'inventeur de la formule était un astronome, Fred Hoyle, qui était hostile à la théorie d'un monde en expansion et partisan d'un univers toujours semblable à lui-même, dit « univers stationnaire ». Le big bang n'a jamais été et n'est toujours qu'une hypothèse – mais une hypothèse très vraisemblable et admise désormais par une immense majorité de physiciens et d'astronomes. À l'extrême fin du XXe siècle et au début du XXIe, une minorité de savants et de commentateurs scientifiques dénoncent pourtant encore le « caractère totalement incroyable » du big bang que « rien, ni dans la théologie ni dans la métaphysique, » ne dépasse en absurdité : « Si cette description de la genèse cosmique provenait de la Bible ou du Coran plutôt que du Massachusetts Institute of Technology, on la traiterait à coup sûr de mythe délirant. » Un physicien suédois digne de considération traduit assez bien ce rejet : « Le big bang est un mythe, peut-être un merveilleux mythe qui mérite une place d'honneur dans un zoo qui abriterait déjà le mythe hindou de l'univers cyclique, l'œuf cosmique chinois, le mythe biblique de la Création en six jours, le mythe cosmologique de Ptolémée et beaucoup d'autres encore. »

L'Église catholique, en revanche, a vu aussitôt dans le big bang une sorte de revanche sur la redoutable théorie de l'évolution. Elle s'est empressée de tirer à elle le modèle standard de l'explosion primordiale et, dès 1951, elle l'a déclaré officiellement en accord avec la Bible.

le rêve du Vieux

Bon. Ils ont raison. Mais je crains toujours qu'ils ne me compromettent.

le fil du labyrinthe

Avec le big bang, que les dernières estimations situent avec une relative précision il y a treize milliards sept cents millions d'années, l'univers devient à la fois fini et infiniment grand. Il est aussi infiniment petit. Au vertige des étoiles répond le vertige des atomes. Un monde immense tourne au-dessus de nous, un monde immense tourne au-dessous de nous. Le travail de recherche et de découverte accompli par un Hubble ou un Einstein dans l'infiniment grand avec l'univers en expansion et la relativité générale, d'autres le font dans l'infiniment petit avec la théorie des quanta et le principe d'incertitude.

Dès les tout débuts du XXe siècle, précédé au loin par Lucrèce, puis par Montaigne qui écrit dans ses *Essais* : « On dict que la lumière du Soleil n'est pas d'une pièce continuë, mais qu'il nous elance si dru sans cesse nouveaux rayons les uns sur les autres que nous n'en pouvons appercevoir l'entre deux », le physicien Max Planck fait à Berlin une découverte décisive, la plus importante sans doute depuis Newton : l'énergie de la lumière et des autres rayonnements n'est pas émise ou

123

absorbée de façon continue, mais d'une façon dis-continue, que les physiciens appellent « discrète », et sous formes de petits paquets baptisés « quanta » par Max Planck. Coup sur coup, Niels Bohr, à Copenhague, l'Allemand Werner Heisenberg, son disciple, et l'Autrichien Erwin Schrödinger développent, souvent indépendamment l'un de l'autre, une théorie des quanta dans cet infiniment petit qui semble refléter étrangement l'infiniment grand. Réconciliant ainsi Newton et Huygens, Bohr découvre non seulement – c'est le principe dit « de complémentarité » – que les électrons sont à la fois une particule et une onde, mais encore qu'ils tournent autour d'un noyau atomique en suivant une trajectoire à la façon de la Lune qui tourne autour de la Terre et de la Terre qui tourne autour du Soleil. Un ballet cosmique minuscule se déroule très bas au fond des choses, dans un abîme qui semble n'avoir pas de limite, comme un ballet cosmique gigantesque se déroule là-haut, au-dessus de nos têtes, très loin dans un ciel qui défie toute mesure. Mais dans l'infiniment petit une surprise nous attend.

le rêve du Vieux

Ah ! les malins ! Comme ils savent mettre en scène la pièce que j'ai écrite ! Et le pire est qu'il leur arrive de siffler l'auteur. Il y en a même pour prétendre que l'auteur n'existe pas et que la pièce s'est écrite toute seule.

le fil du labyrinthe

Le marquis de Laplace, celui-là même qui avait dit à Napoléon que Dieu était inutile, pensait que l'univers se résumait à un jeu de causes et d'effets, chaque cause étant d'abord un effet, chaque effet devenant cause à son tour, et que, pour une intelligence capable de connaître toutes les forces de la nature, l'avenir se présenterait avec une évidence comparable à celle du passé. Ce déterminisme rigoureux et naïf, la mécanique quantique allait le faire voler en éclats.

Un quart de siècle après la découverte des quanta par Max Planck – les découvertes s'enchaînent les unes aux autres, mais il leur faut du temps pour mûrir –, Werner Heisenberg formule son célèbre « principe d'incertitude ». De quoi s'agit-il ? Pour calculer la vitesse d'une particule et sa situation future, il faut l'éclairer par un quantum de lumière. Le quantum de lumière perturbe la particule, modifie sa vitesse et sa situation de façon imprévisible et empêche leur mesure simultanée et précise, quelle que soit la perfection de l'instrument utilisé. La réalité est transformée du fait même d'être regardée. Le principe d'incertitude de

Heisenberg est une propriété fondamentale et inéluctable du monde.

Le principe d'incertitude – où se retrouve le thème cher à Einstein de l'influence de l'observateur sur le phénomène observé – a bouleversé de nouveau l'idée que nous nous faisons du monde autour de nous. Il marque la fin du rêve de Laplace – et de Copernic et de Descartes et de Newton – d'élaborer une théorie de la science et un modèle de l'univers rigoureusement déterminés. Même aujourd'hui, trois quarts de siècle plus tard, ce bouleversement n'est pas admis par nombre de philosophes et de savants et fait l'objet de polémiques. Il est permis d'imaginer qu'un être surnaturel, hors du temps et de la lumière, pourrait observer l'univers sans le perturber. Pour les hommes, en tout cas, et pour une observation donnée, la mécanique quantique est incapable de prédire le résultat spécifique d'une mesure individuelle. Quand on sait où se trouve un électron, on ne peut pas savoir ce qu'il va faire. Son lieu et sa vitesse ne pouvant pas être mesurés simultanément, son avenir devient flou : il ne peut être prévu que sous forme statistique. Le « flou quantique » introduit un élément irréductible d'imprévision et de hasard dans la science et dans l'univers.

En dépit du rôle décisif qu'il avait joué dans le développement de la science moderne, Einstein, s'opposa fermement à la mécanique quantique. Il n'a jamais admis que l'univers soit gouverné par le hasard et par l'indétermination. Le 4 décembre 1936, il écrit au physicien Max Born une des lettres les plus célèbres de l'histoire du monde, aussi célèbre que les lettres – inventées par le faussaire Vrain-Lucas – de Jésus à Marthe pour lui annoncer la résurrection de Lazare ou de Cléopâtre à César pour lui donner des nouvelles de leur fils Césarion, ou que les lettres, très réelles et sublimes, de Musset à George Sand ou de George Sand à Musset, ou encore celle de Zola sur Dreyfus ou celles de Marcel Proust à Gaston Gallimard qui font pleurer de bonheur tous ceux qui aiment la littérature : « Il faut prêter beaucoup d'attention à la mécanique des quanta. Mais une voix intérieure me dit que ce n'est pas le vrai Jacob. La théorie apporte beaucoup, mais du mystère du Vieux elle nous rapproche à peine. En tout cas, je suis persuadé que le Vieux ne joue pas aux dés. »

le rêve du Vieux

Voilà. Je ne voudrais pas avoir l'air de triompher à la façon immodeste des hommes. Mais voyez ce qui se passe. La nécessité me tue. Dieu est mort. Le hasard me ressuscite. Et puis, le hasard me menace à son tour. Le monde s'en va à vau-l'eau. La nécessité me renfloue. Mes ennemis passent leur temps à hurler à ma mort et à verser sur ma fin des larmes, souvent de crocodile. Je passe mon éternité à revivre dans le cœur de mes créatures.

À la fin des années soixante du vieux siècle écoulé, une inscription était apparue sur les murs d'une grande université américaine :

> *Dieu est mort*
> signé
> *Nietzsche*

Une main, humaine je crois, avait effacé le blas-
phème et écrit à la place :

> *Nietzsche est mort*
> signé
> *Dieu*

POURQUOI Y A-T-IL QUELQUE CHOSE AU LIEU DE RIEN ?

le monde est beau

J'ai beaucoup aimé ce monde que tant de grands esprits ont tenté de comprendre. Je n'avais pas l'ambition de percer ses secrets. Je ne l'ai jamais accusé, je ne l'ai jamais calomnié, je n'ai pas cherché à le fuir ni à le dénigrer : je m'entendais bien avec lui. J'ai surtout aimé m'y promener. Longtemps, pour un oui ou pour un non, je suis parti, sur un coup de tête, n'importe quand, n'importe où.

J'emportais quelques livres de voyages dont la naïveté ou la drôlerie, parfois le génie, toujours le talent, ajoutaient beaucoup au charme des paysages qui défilaient sous mes yeux : l'*Odyssée* d'Homère, Hérodote, Xénophon, les expéditions de notre vieux Dumas dans le Caucase ou à Naples, les *Promenades dans Rome* de Stendhal, *Le Roi des montagnes* d'Edmond About, *Le Voyage du condottiere* d'André Suarès, la correspondance entre Lawrence Durrell et Henry Miller, *Le Temps des offrandes* de Patrick Leigh Fermor, *Bagages non accompagnés* d'Evelyn Waugh, *L'Usage du monde* de Nicolas Bouvier, *Un petit tour dans l'Hindou Kouch* d'Eric Newby. Lisez-les. Vous verrez.

Les noms jouaient un grand rôle dans ma folie des départs ; Chichicastenango, Antigua, Mahabalipuram, Positano, Famagouste, Ascoli Piceno, Symi, Oaxaca, Louxor et Assouan, Machu Picchu, Doura Europos, l'Alhambra de Grenade et les jardins de Cordoue, Syracuse, Samarkand, Peshawar et la passe de Khyber me faisaient signe en silence et leurs syllabes enchantées me séduisaient de loin. Je cédais. J'arrivais. Je les ai aimés à la folie.

Les ports surtout m'ont beaucoup fait rêver. Et les bateaux aussi. Les voiliers, noirs ou blancs, et les caïques paresseux, je les regardais arriver et partir pour ailleurs et je me disais que le monde était à coup sûr un des endroits les plus délicieux où passer un peu de son temps. Je ne méprisais personne, j'en admirais quelques-uns. Le soleil me tapait sur la tête. L'avarice, la vanité, l'envie m'étaient assez étrangères. Je n'avais pas envie de faire fortune ni carrière, de devenir député, de recevoir le Nobel, de laisser un nom dans l'histoire des hommes. Je ne me montais pas le bourrichon. Je dormais bien. Longtemps, je me suis promené dans le monde, mains dans les poches, le nez en l'air. Et le monde était beau.

bains de mer

Autant l'avouer tout de suite. Il y a quelque chose d'un peu risible, et peut-être d'un peu poseur, qui m'a donné de grands bonheurs : c'était de nager dans la mer. Je sais : j'ai eu de la chance. J'ai nagé dans beaucoup de mers de notre vieille planète. J'ai nagé sous le Pain de Sucre, à Rio de Janeiro, à l'ombre du Corcovado et de son christ géant, et le long des plages de Copacabana et d'Ipanema, encore vierge, en ce temps-là, de toute habitation. À Bahia de tous les saints, cher au grand Jorge Amado, à Recife, à Carthagène. J'ai nagé au Mexique, à Cancún, à Acapulco, à Careyes. En Floride, en Californie, à Big Sur, hanté par Miller, Hemingway et Kerouac, et à Santa Barbara. À Tahiti et à Bora Bora, à Phuket et à Bali. J'ai surtout nagé en Méditerranée.

Si j'ai aimé quelque chose dans mon passage parmi vous, et si long et si bref, c'est la Méditerranée. Quelques-uns des plus beaux souvenirs de ma vie sont liés à la mer des dieux, d'Homère et de la Sérénissime. J'ai nagé à Venise, au Lido, à Dubrovnik, à Hvar, à Korcula, à Mljet qui est une île avec un lac et une île dans le lac, à Capri, à Sant'Agata sui Due Golfi, à Amalfi, dans les eaux d'Ithaque et de Corfou, dans les

135

Sporades du Nord et du Sud, à Rhodes, à Chypre, à Saint-Jean-d'Acre et à Carthage. J'ai nagé en Corse qui est la plus belle île de la Méditerranée, à Porto, à Girolata, au milieu des îles Lavezzi et dans la baie de Saint-Florent.

Je me souviens d'un bain sous les grands arbres de Skyathos, dans les Sporades du Nord, où la femme que j'aimais avait été piquée par une guêpe, d'un autre à Pedi, riche en chèvres, dans le Dodécanèse, où les maisons étaient bleues et où l'anse était si fermée qu'on croyait nager dans un lac, d'un autre encore, en face de Kas, sur la côte turque, au large du petit port de Castellorizo, la plus méridionale des îles grecques, où une grotte célèbre abrite des phoques destinés aux touristes et où, disposées en rond, les maisons peintes en bleu, en vert, en rose pâle ou en ocre constituent le plus ravissant de tous les théâtres marins.

Je me souviens..., je me souviens... Je me souviens d'un bain entre trois rochers dans la baie de Fethyie qui est d'une beauté à couper le souffle, d'un autre dans la baie de Kekova où un olivier très rond près d'une chapelle en ruine m'avait rendu presque fou de bonheur, d'un autre encore et sans fin au creux d'une anse d'Ithaque qu'Ulysse venait de quitter et où il n'allait pas tarder à revenir.

Il paraît que plus de 90 % de la vie de la planète s'est déroulée dans l'eau. Il m'en restait peut-être quelque chose. Ce qu'il y avait de bien dans ces bains, dans cette mer, dans ces oliviers et ces pins qui tombaient des montagnes, c'est que toute pensée et presque tout sentiment, excepté le bonheur, en étaient expulsés. J'étais un fragment du paysage, au même titre que les rochers, que les chênes verts sur le rivage, que l'eau où j'étais plongé. J'étais là. J'étais au monde. Et je ne pensais à rien entre le ciel et la mer.

un coup de foudre

Un jour d'été, sur une des côtes de cette Méditerranée orientale où tout a commencé il y a deux mille cinq cents ans, il s'est passé quelque chose.

J'avais longtemps nagé dans une espèce de ravissement. Je sortais de l'eau. Le soleil, là-haut, tapait toujours aussi fort. Le ciel était toujours aussi bleu et aussi implacable. Les cigales chantaient. Je m'asseyais sur le tronc d'un arbre abattu par la tempête ou sur un bout de colonne renversée. Je rêvais à tous ceux qui, depuis trois ou quatre millénaires, étaient passés dans ces lieux aux temps d'Homère ou d'Alexandre, de Cléopâtre et de Marc-Antoine, de Justinien, de Dandolo. J'étais là à mon tour. Un vertige me prenait. Peut-être à cause de mes deux heures de nage et de l'effort que je venais de fournir, les choses autour de moi basculaient d'un seul coup. Les arbres, les rochers, le soleil sur la mer, la beauté des couleurs et des formes, tout me devenait étranger et opaque. Le monde perdait de son évidence. Il n'était plus qu'une question. Enivrante, pleine de promesses. Gigantesque, pleine de menaces. Je me disais : « Qu'est-ce que je fais là ? » Je fermais les yeux. La foudre me frappait. Pourquoi y a-t-il quelque chose au lieu de rien ?

le monde m'étonne

La question n'était pas neuve. Leibniz se l'était déjà posée – *Cur aliquid potius nihil ?* – et Heidegger l'a reprise. Elle ne m'a plus quitté. Elle est devenue une hantise.

Vous savez ce que c'est quand vous avez une idée en tête. Elle ne vous lâche pas jour et nuit. Vous n'avez plus de répit. Vous devenez bizarre. Non seulement ma propre existence – c'est assez fréquent, je crois –, mais le monde autour de moi me paraissaient invraisemblables. Tout m'étonnait. D'être là, que le soleil brille, que la nuit tombe, que le jour se lève. Que j'écrive ces lignes et que vous les lisiez. Qu'il y ait quelque chose qu'à tort ou à raison nous appelons « le réel » ou « la réalité » et qui me semblait se rapprocher soudain dangereusement d'une sorte de subtile illusion ou d'un rêve récurrent.

je lis des livres

Je lisais des livres. Je me renseignais. J'apprenais que Descartes avait commencé par se demander s'il rêvait et par mettre en doute tout ce qu'il savait ou qu'il croyait savoir. Et que de ce doute était sortie au moins la certitude de l'existence du sujet qui doutait – c'est-à-dire de sa propre personne. C'était déjà quelque chose. J'apprenais qu'un évêque anglais du nom de Berkeley pensait que tous les objets matériels, l'espace et le temps, le monde entier n'était qu'une illusion. Un adversaire, après avoir pris connaissance de la théorie de Berkeley, s'écriait : « Je la réfute ! » et il heurtait du pied une grosse pierre devant lui.

Ce n'était pas tant ma propre existence qui me préoccupait. Ni l'existence du monde autour de moi. Les philosophes font semblant de croire qu'ils n'existent pas et que le monde n'existe pas. Ils savent très bien qu'ils appartiennent à ce monde et que la vie est un peu là, et l'univers aussi. Ils savent que mieux vaut soigner les fractures et les grippes, qu'il faut payer son loyer, qu'il y a un code de la route. Ce que nous ignorons et ce qui me tourmentait, c'est ce que nous faisons dans ce monde dont nous ne parvenons pas à connaître l'origine et le sens.

un monde inépuisable

Du haut de la mer de Glace, Monsieur Perrichon, chez Labiche, l'avait déjà remarqué : l'homme est tout petit et le monde est très grand. L'histoire, la vie, l'univers sont inépuisables.

Tout au début, au big bang, notre tout est encore presque rien : il est minuscule, plus petit qu'une tête d'épingle, qu'un grain de sable, qu'une poussière invisible à l'œil nu. Mais il y a déjà du gigantesque en lui : la température, la densité, l'énergie. Et tout l'avenir du monde. Le chêne est déjà dans le gland. L'être humain tout entier est déjà dans l'enfant, dans le fœtus, dans la rencontre du spermatozoïde et de l'ovule. Et l'invention de l'écriture, les conquêtes d'Alexandre, la fin de l'Empire romain, la destruction de Bagdad par les Mongols d'Hulagu, la prise de la Bastille, la révolution russe, la chute du mur de Berlin, et vous et moi sommes déjà dans le big bang.

Dix milliards d'années après le big bang, quand, pour une raison ou pour une autre, la vie surgit sur la Terre, l'univers est déjà immense. Les galaxies se sont éloignées les unes des autres et dans un coin perdu de l'une de ces galaxies naissent coup sur coup ces choses

140

familières et étranges : la vie, les différentes espèces, les primates, les hommes, la pensée.

Dès que l'homme apparaît, il y a quelques centaines de milliers d'années à peine, la complexité du tout fait un bond prodigieux. Les sentiments, la mémoire, l'imagination, la pensée, plus tard la parole, plus tard encore l'écriture et l'électronique multiplient indéfiniment les formes diverses de la réalité. Les livres sont innombrables, mais en nombre limité. Les paroles sont presque illimitées, les sentiments des êtres humains et leurs songes le sont tout à fait.

Il y a toujours plus dans le monde que tout ce que vous pouvez imaginer. Plus d'espace autour de vous toujours en train de s'augmenter, plus de temps derrière vous et aussi devant vous, plus d'étoiles dans le ciel, plus de vie passée et future, plus de passions et plus de rêves dans le cœur des humains. Les créateurs, même de génie, ressentent ce décalage avec un mélange d'orgueil et de désespoir. Quand Léonard peint *La Joconde*, quand Mozart achève *Don Juan*, quand Dante écrit *La Divine Comédie*, ils savent, bien sûr, qu'ils sont en train d'ajouter à la création un chef-d'œuvre qui traversera les temps. Mais ils savent aussi qu'ils ne laissent derrière eux, quelque sublimes qu'ils puissent être, qu'un tableau, qu'un opéra, qu'un livre de plus parmi beaucoup d'autres.

les deux voies

Ce monde inépuisable, il n'existe que deux voies pour tenter d'en rendre compte : l'art et la science. D'un côté, des peintres, des musiciens, des poètes, des romanciers, des philosophes, des mystiques ; de l'autre, des astronomes, des physiciens, des biologistes, des mathématiciens. Pour les uns et pour les autres, il s'agit d'une tâche infinie et d'avance désespérée. « Il y a plus de choses dans le ciel et sur la terre, dit Hamlet à Horatio, que n'en rêve votre philosophie. »

La poésie est la voie, sinon la plus aisée, du moins la plus répandue. Il est même superflu de s'évertuer à écrire des poèmes, des romans, des essais : l'amour, qui est la poésie même, suffit à donner un sens à la vie. Chaque amoureux a dans l'amour le sentiment de posséder le monde entier à travers l'être aimé. La clé du royaume lui est livrée. Il ne se pose plus de questions. Inutile de chercher plus loin. Toute la beauté de l'univers lui est enfin révélée. L'art et la littérature ne sont peut-être rien d'autre que la traduction sublimée d'une pulsion sexuelle.

S'il y a une clé de l'univers, elle est mathématique. Les Grecs anciens pensaient déjà que le savoir et la sagesse étaient réservés aux mathématiciens : « Que nul n'entre ici s'il n'est géomètre. » Les nombres – d'où viennent-ils ? – n'ont jamais cessé de se confondre avec la structure de l'univers. Ils sont les piliers de la création. « *Dum Deus calculat, fit mundus* – Dieu calcule, et le monde se fait. »

Le triomphe des grandes théories de l'univers repose sur une conjonction de l'observation et des mathématiques. Les exemples sont nombreux d'objets célestes découverts, avant toute vérification expérimentale, par le seul raisonnement mathématique. Un des cas les plus célèbres est celui de la planète Neptune dont l'astronome Le Verrier, vers le milieu du XIXe siècle, avant toute confirmation par l'observation, annonça par le seul calcul la position exacte. Au siècle suivant, le mathématicien russe Alexander Friedmann ou le chanoine belge Georges Lemaître construisirent dès les années vingt, bien avant la découverte de la fuite des galaxies, des modèles purement mathématiques qui prédisaient avec exactitude l'expansion de l'univers que Hubble allait établir grâce à l'expérimentation.

Dans mon ignorance, j'ai longtemps cru que les mathématiques étaient une espèce de jeu cohérent et abstrait qui n'avait qu'un rapport lointain avec la réalité. Le propre des deux théories majeures de notre temps, la théorie de la relativité générale et la théorie des quanta, est de coller au contraire de très près à ce que nous appelons la réalité. Les prédictions théoriques d'Einstein sur la courbure de l'espace furent confirmées expérimentalement à plusieurs reprises et notamment dès 1919, à l'occasion d'une éclipse totale du Soleil. Les mesures prises par des observateurs envoyés en Afrique recoupèrent en tout point les intuitions mathématiques d'Einstein. Le compte rendu, très technique et abstrait, adressé à Albert Einstein après le succès de l'expérience se terminait par ces mots tout simples : « Félicitations pour votre génie. » De son côté, la théorie très ardue des quanta – dont Bohr se plaisait à dire : « Si vous prétendez avoir compris la théorie des quanta, c'est que vous ne l'avez pas comprise » – est vérifiée chaque jour par les transistors, par les lasers, par la télévision. La bombe atomique et toute notre quincaillerie électronique nous prouvent, parfois avec trop d'abondance, que les théories d'Einstein et le flou quantique sont bel et bien parmi nous.

il n'y a pas de formule du monde

La théorie de la relativité générale ne s'applique qu'à l'infiniment grand. La théorie des quanta s'applique exclusivement à l'infiniment petit. Il y a une « particularité », il y a un moment unique où l'infiniment petit et l'infiniment grand sont inextricablement mêlés : c'est le big bang, pointe d'épingle minuscule, poussière imperceptible, portée à une température et à une densité si énormes qu'elles sont difficiles à imaginer. Pour en savoir plus sur cette explosion originelle et paradoxale, une théorie unitaire, une sorte de théorie quantique de la gravitation, était nécessaire. Tout au long de la fin de sa vie, Albert Einstein s'efforça, mais en vain, d'élaborer une telle théorie unifiée qui engloberait les lois de la gravitation et de l'électrodynamique.

Après la Seconde Guerre, Werner Heisenberg proposa à son tour, à l'aide de la théorie des quanta, et de nouveau sans succès, une théorie unitaire de la matière. Tout récemment, la théorie des cordes et des supercordes, la cosmologie de Kaluza-Klein ou la redoutable théorie M – M comme magie, comme mystère, comme mythe ? – ou d'autres théories encore qui tablent sur un univers ou sur une infinité d'univers

145

comportant, au lieu de nos trois dimensions d'espace plus la dimension du temps, jusqu'à une douzaine de dimensions d'espace-temps cachées et enroulées sur elles-mêmes, n'ont pas encore passé avec succès l'épreuve de la vérification expérimentale. Chaque fois, la tentative d'aboutir à une théorie unifiée, à une formule globale du monde, s'est soldée par un échec.

Dans sa *Brève histoire du temps*, qui a connu un succès planétaire, le physicien Stephen Hawking, paralysé de la tête aux pieds, atteint d'une maladie irréversible qui lui interdit de communiquer autrement que par ordinateur, appelait de ses vœux une grande théorie unifiée qui nous permettrait de « connaître la pensée de Dieu ». Cette « théorie du tout », Hawking lui-même reconnaissait qu'elle ne serait pas capable de répondre à la question : « Pourquoi y a-t-il quelque chose au lieu de rien ? » Toute théorie unifiée possible « ne sera jamais qu'un ensemble de règles et d'équations. Qu'est-ce qui insuffle le feu dans ces équations et produit un univers qu'elles pourront décrire ? L'attitude habituelle de la science – construire un modèle mathématique – ne peut pas répondre à ces questions ».

Même cette théorie unifiée qui ne suffirait pas à expliquer le surgissement de l'univers, Hawking a abandonné, il y a à peine cinq ou six ans, tout espoir de pouvoir l'élaborer. Quelques années avant la Seconde Guerre, un mathématicien autrichien du nom de Gödel, ami proche d'Einstein, avait énoncé le théorème peut-être le plus important du XXe siècle. D'après ce théorème, il y a toujours dans tout système mathématique « des formules qui ne peuvent être ni démontrées ni prouvées ». « Nous ne sommes pas des anges qui regardent l'univers de l'extérieur, enchaîne Stephen Hawking. Bien au contraire, nos modèles et nous-mêmes sommes des parties de l'univers que nous décrivons. Une théorie physique se réfère à elle-même comme dans le théorème de Gödel. On peut donc s'attendre à ce qu'elle soit ou contradictoire ou incomplète. »

Le monde inépuisable dont nous faisons partie, aucun ouvrage de génie, aucune théorie unifiée, aucune formule de l'univers ne sera jamais capable d'en livrer le secret dans sa totalité. Tout ce que les hommes peuvent faire, c'est de bricoler dans le temps avant de disparaître à jamais.

le monde est un roman

Le monde où nous vivons n'est pas seulement inépuisable. Avec la lumière, avec le temps, mystère des mystères, avec cette chose inouïe qu'est la vie, avec cette chose plus inouïe encore qu'est la pensée, il est aussi, et surtout, invraisemblable. Il est bien plus invraisemblable que tous nos romans, toutes nos tragédies, tous nos opéras, que *Don Quichotte*, que *Phèdre*, que *Les Noces de Figaro*, que *Tristan et Isolde* qui lui empruntent tout ce qui nous surprend et tout ce que nous admirons.

Il nous paraît aller de soi pour la seule raison que nous y sommes habitués. Il nous étonne, il nous déçoit, il nous fait peur, il nous enchante. Selon une formule ambiguë, il est « normal ». En vérité, ce monde que nous appelons « normal » est très étrange et diablement compliqué.

Incomparable dans cet exercice, la science découvre ses lois. Ces lois sont nécessaires, mais elles sont aussi arbitraires. La Terre n'était pas obligée de tourner autour du Soleil, le jeu des causes et des effets aurait très bien pu ne jamais se produire, la suite des nombres premiers – et d'ailleurs des nombres tout court, qui reflètent l'infini – est un mystère insondable, et chacun d'entre nous, avec notre corps, nos pensées, nos sentiments, nos passions, est le plus improbable de tous les mécanismes qui aient jamais été assemblés dans ce monde ou dans un autre.

Chacun sait que, si tout roman est une histoire qui aurait pu être, l'histoire elle-même, d'un bout à l'autre, est un roman qui a été. Mais ce n'est pas seulement l'histoire qui est un roman, et le plus extraordinaire qui soit. L'univers tout entier, avec tout ce qu'il contient, est un roman fabuleux. C'est pour cette raison, et non pour attirer le chaland, que les pages que vous lisez se présentent sous la rubrique : « roman ».

le secret et l'énigme

Le principal personnage du roman de l'univers fait son entrée assez tard : c'est la vie.

Dix milliards d'années se déroulent sans la vie. Ce que pouvaient être le monde, l'espace, le temps, la lumière sans personne pour rien voir, rien écouter, rien sentir, rien comprendre nous reste mystérieux. Notre système solaire se met en place un peu plus ou un peu moins d'un milliard d'années avant l'apparition de la vie. Que pouvait bien être le temps sans alternance du jour et de la nuit ? Que pouvait bien être un espace où il n'y avait ni nord ni sud, ni haut ni bas, ni aucun repère d'aucune sorte ? Que pouvait être une lumière en l'absence de tout œil capable de la percevoir ? On dirait une blague : treize milliards sept cents millions d'années ne trouvent un début d'explication, longtemps sous forme de délire, que depuis l'apparition de la pensée, il y a quelques dizaines de milliers d'années. Et un tableau d'ensemble – toujours contestable, mais enfin à peu près cohérent – remonte à peine à cent ans.

L'univers attendait-il la vie, la vie attendait-elle la pensée pour donner un sens au passé ? Longtemps, en tout cas, le roman de l'univers a été un secret. Grâce à la science, le secret s'est changé en énigme.

le plus banal des miracles

La vie est le plus banal des miracles. Elle est si évi-
dente qu'elle échappe à toute définition. Selon une
formule célèbre et négative qui révèle notre impuissance à la cerner de plus près, elle est l'ensemble des
forces qui résistent à la mort. Les plus savants ne
savent pas très bien comment elle fait pour commencer.
Par un ancêtre universel, sans doute, commun à tous
les êtres vivants : une cellule baptisée LUCA *(Last Uni-
versal Common Ancestor)*. De cette cellule sortent les
bactéries, les plantes, les arbres, les fleurs, les méduses,
les hirondelles, les cobras, les baleines, les éléphants,
les dauphins, les rats, les bonobos, et nous.

Comment surgit LUCA ? On a été jusqu'à supposer
que des germes venus d'autres planètes auraient pu se
développer sur la Terre. Mais personne n'y croit plus.
Alors, par hasard, peut-être, en partant de la matière,
dans une eau très chaude, chargée de carbone, d'acides
aminés et de sels minéraux, avec une chance sur des
millions ? Pour une raison ou pour une autre, il y a
trois milliards et demi d'années, sur une Terre encore
toute jeune, âgée à peine de cinq cents millions
d'années, ou un peu plus, tout à coup, la vie est là.

Le propre de cette vie qui nous paraît si naturelle, c'est qu'elle est faite d'individus. La vie aurait pu être, je ne sais pas, une force collective et informe, un nuage dans le ciel, un océan, une tempête, une ruée sauvage. Pas du tout. Elle se débite en fragments indépendants les uns des autres, capables de se rapprocher et de s'unir, mais autonomes et distincts. Des bactéries à l'homme, la vie est morcelée et discontinue. Elle a quelque chose de quantique.

Et elle se met, quoi de plus simple ? quoi de plus naturel ? – mais est-ce si naturel ? est-ce si simple ? – à s'engendrer elle-même.

distinguer et unir

Tout se passe comme si le mouvement naturel de la création consistait à distinguer et à unir. D'abord à distinguer. Ensuite à unir de nouveau ce qui a été d'abord distingué. Treize ou quatorze milliards d'années après le big bang, la vie, comme l'univers, semble répondre à ce schéma.

Le monde est fait d'éléments différents qui coexistent dans l'espace et qui se succèdent dans le temps. Il y a le ciel, la Terre, la Lune, le Soleil, les étoiles, les planètes, les océans, les saisons. Et puis, il y a les êtres vivants, et le moindre d'entre eux – et sur notre planète et ailleurs s'il en existe – vaut plus et mieux que toutes les masses de matière de toutes les galaxies et de tous les amas de galaxies.

À l'intérieur des espèces qui sortent toutes de LUCA et ensuite les unes des autres à la façon d'un jeu à la fois gigantesque et minuscule, chaque être vivant a son propre parcours. À nos yeux au moins, rien ne ressemble plus à une fourmi qu'une autre fourmi, à une abeille qu'une autre abeille, mais telle fourmi est avalée par un lézard et telle autre poursuit son chemin, telle abeille est écrasée par une fourchette ou un couteau et telle autre s'envole vers des fleurs nouvelles avant de mourir à son tour. Les trajectoires des hommes et des femmes dans l'espace et dans le temps n'en finissent pas de nourrir nos ambitions, nos rêves, nos souvenirs, les conversations des familles, les livres d'histoire, les romans. Toute vie, de la plus humble à la plus complexe, des bactéries jusqu'à nous, est une anecdote entre hérédité et milieu, une histoire individuelle avec un début et un terme, et, en fin de compte, un destin.

le sixième jour

Une des caractéristiques de la vie, et un de ses privilèges, est la capacité à se reproduire. L'eau, l'air, les pierres ne se reproduisent pas. Seuls les êtres vivants se livrent sans se lasser à un double exercice qui suffit à les définir : ils disparaissent et ils reparaissent, ils meurent et ils ressuscitent, différents et semblables.

Vivre, c'est d'abord mourir. Les plantes, les fleurs, les arbres, les oursins, les koalas et vous mourez parce que vous avez vécu. Et vous ne vivez que pour mourir. Mais vivre, c'est aussi détenir le pouvoir de transmettre à d'autres, par une sorte d'acte magique que les hommes appellent l'amour et où se mêlent orgueil, plaisir, hasard et tous les mécanismes les plus rigoureux de la nécessité, cette vie qui nous échappe. La mort et l'amour sont les deux faces inséparables de la vie. Nous nous reproduisons parce que nous allons mourir. Et nous devons mourir parce que nous nous reproduisons.

Chez les mammifères, chez les primates, chez les hommes, la reproduction passe par la sexualité. Qui se reproduit ? Des individus séparés. Ils se reproduisent pour permettre à la vie de prendre des formes nouvelles qui répètent pourtant, au moins en partie, les formes anciennes appelées à disparaître. Les enfants sont la mort des parents qui se ruent vers leur propre fin dans le vertige du plaisir.

Cette tâche est, par excellence, notre exercice le plus familier. Il occupe tout un pan de nos imaginations et de notre temps. Il nourrit la plupart de nos romans, de nos films, de nos tragédies, de nos comédies et de nos opéras. C'est aussi, mais nous n'y pensons jamais, une de nos démarches les plus étonnantes. L'idée que, pour maintenir l'ordre du monde, pour assurer la continuité de l'histoire de la vie et de l'humanité, pour permettre à la pensée de poursuivre son travail sur l'univers, il faille rapprocher deux individus de sexe différent est, malgré sa banalité, ou peut-être à cause de sa banalité, de nature à provoquer pas mal de questions et de perplexité.

Le plus remarquable est que, chez les hommes, le soin de permettre à l'histoire de se poursuivre est confié à leur propre décision – soutenue par un plaisir si vif qu'il finit parfois par prendre une allure métaphysique. Qu'il y ait un Dieu ou non, c'est aux hommes – terme générique qui embrasse les femmes – qu'il appartient à chaque instant de répéter ce sixième jour célébré par la Genèse – « Dieu vit ce qu'il avait fait, et voici, cela était très bon » – et de recréer sans cesse par leurs propres forces ce qu'il y a de plus précieux dans l'univers.

dans le creux de la main

Dans cet univers inépuisable et assez peu vraisemblable, les hommes ne se contentent pas de se reproduire et de mourir comme tous les êtres vivants. Ils font beaucoup d'autres choses – mais, d'abord et avant tout, ils pensent.

C'est quoi, penser ? C'est se faire une idée de soi-même et du monde autour de soi. Qui se fait une telle idée ? Seul, autant que nous le sachions, dans l'immensité de l'univers, un individu minuscule jusqu'à l'inexistence : moi – c'est-à-dire nous. Il y a plus de distance entre l'univers et l'homme en train de le penser qu'entre un grain de sable et l'océan. Mais le grain de sable, qui est moins que rien, est capable – miracle inouï – de se penser lui-même et de penser le tout.

L'homme se sert de son cerveau qui est situé dans son corps. Le corps est une mécanique, c'est une affaire entendue. Dès 1687, au temps de Louis XIV, le philosophe Leibniz, celui qui posait la question : « Pourquoi y a-t-il quelque chose au lieu de rien ? », écrit à Arnauld : « J'accorde que, dans toute la nature corporelle, il n'y a que des machines. » Il n'est pas exclu

157

qu'on puisse exprimer la pensée sous forme d'équations et il est impossible de penser dès que le corps a cessé de vivre. Il reste qu'il y a entre la pensée de l'individu, sa tête, son crâne, son cerveau, ses neurones et l'univers jusqu'au big bang, jusqu'aux plus lointaines galaxies comme une secrète connivence. On ne se lassera pas de répéter la formule d'Einstein déjà apparue dans ces pages : « Ce qu'il y a de plus incompréhensible, c'est que le monde soit compréhensible. »

Leibniz, encore Leibniz, soutenait que le monde était composé d'atomes d'énergie imperceptibles et indestructibles qu'il avait baptisés « monades ». Le propre de chaque monade était de refléter l'univers tout entier qui était donc présent en chacun de ses points. Dans le système de Leibniz, la connexion qui avait tant frappé Einstein entre l'univers et notre pensée était établie d'entrée de jeu.

Il est possible – probable ? – que le monde soit traversé par des courants qui tissent des liens encore mystérieux entre ses composantes. Il y a déjà trois quarts de siècle une expérience fameuse, appelée, d'après les initiales de ses auteurs, le « paradoxe EPR » et à laquelle Einstein – le E de EPR – s'était intéressé avec méfiance, montrait que deux particules, par exemple de lumière, issues d'une même source restent dépendantes l'une de l'autre, reliées l'une à l'autre et en contact permanent quelle que soit la distance qui les sépare.

Tant dans l'infiniment grand que dans l'infiniment petit se manifeste ce qui a été appelé « l'indivisibilité quantique ». « Aucun homme n'est une île, complet en soi-même, écrivait John Donne il y a quelque quatre cents ans. Chaque être humain est une partie du continent, une partie du tout. Ne demande jamais pour qui sonne le glas : il sonne pour toi. » Un ordre global règne dans ce monde où chaque partie contient le tout et où le tout reflète chaque partie. L'univers est un système dont les éléments sont liés les uns aux autres. Nous partageons avec tout ce qui existe une longue histoire commune ; nous sommes, comme tout le reste, de la poussière d'étoiles ; les iguanes, les chauves-souris, les bruyères, les sapins dans les montagnes sont nos parents plus ou moins proches ; et, selon la formule de William Blake, « chaque homme tient l'infini dans le creux de sa main ».

à quoi pensent les hommes ?

Les hommes vivent. Ils sont là. Pas depuis très longtemps. Pour combien de temps ? Personne ne le sait.
Mais, enfin, ils sont là. Et ils pensent.

À quoi pensent-ils ? À plaire, à aimer, à leur santé,
à jouer aux échecs, à payer leurs impôts, à partir en
vacances, à gagner de l'argent, à ne pas rater le train,
à prendre le pouvoir, à monter un piège, à l'emporter
sur le voisin, à collectionner des timbres-poste, à faire
la révolution. Dans le meilleur des cas, à sauver une
vie, à peindre des fleurs ou la Vierge, à écrire un opéra,
à édifier un bâtiment. Et puis, comme moi un matin
d'été sur les bords de la Méditerranée, ils se demandent
ce qu'ils font là, d'où ils viennent et où ils vont.

le présent : éternel – ou quasi éternel

Ces hommes qui pensent avec leur corps vivent dans quelque chose de curieux et presque d'inexprimable, qui est l'évidence même, qui n'a aucune réalité – et que nous appelons le présent.

Le présent est une prison sans barreaux, un filet invisible, sans odeur et sans masse, qui nous enveloppe de partout. Il n'a ni apparence ni existence, et nous n'en sortons jamais. Aucun corps, jamais, n'a vécu ailleurs que dans le présent, aucun esprit, jamais, n'a rien pensé qu'au présent. C'est dans le présent que nous nous souvenons du passé, c'est dans le présent que nous nous projetons dans l'avenir. Le présent change tout le temps et il ne cesse jamais d'être là. Et nous en sommes prisonniers. Passagère et précaire, affreusement temporaire, coincée entre un avenir qui l'envahit et un passé qui la ronge, notre vie ne cesse jamais de se dérouler dans un présent éternel – ou quasi éternel – toujours en train de s'évanouir et toujours en train de renaître.

l'avenir : imprévisible

Dans le système de l'univers, l'avenir est opaque et il est imprévisible. C'est son rôle. C'est sa vocation. Le triomphe du christianisme, la conquête arabe sept cents ans plus tard, la carrière du Saint Empire romain germanique, l'ascension de Staline et de Hitler, la chute du mur de Berlin étaient imprévisibles – et d'ailleurs imprévus. Bien avant les hommes et rétrospectivement, la constitution du système solaire et l'éclosion de la vie avaient des chances infimes de se produire et étaient imprévisibles.

Depuis toujours, la raison des hommes a essayé de franchir cette barrière d'opacité et de prévoir l'avenir. Ils ont d'abord espéré chaque jour, dans la crainte et le tremblement, que le Soleil allait briller demain matin comme il avait brillé aujourd'hui. Rien n'était moins sûr. Et rien n'était l'objet d'autant de vœux et de prières. Beaucoup d'hommes ont péri de mort violente pour obtenir des dieux tout-puissants la grâce de voir le Soleil se lever à nouveau.

Plus tard, les calendriers, les projets, les horaires, les feuilles de route, les budgets, les plans ont tenté d'apprivoiser un avenir rétif et toujours incertain. Le plus souvent, l'attente des hommes a été déçue et leur volonté contrariée. L'avenir, dont personne ne sait où il se trouve, est, selon la formule d'Homère, « sur les genoux des dieux ».

Il est nulle part et il ne manque jamais d'arriver. Riche d'une infinité de possibles qui ne cessent de se réduire à mesure qu'il se rapproche du présent, l'avenir déboule sur nous avec une obstination cruelle. D'abord semblable au présent avec lequel il se doit d'être toujours compatible, et pourtant déjà étranger avant de devenir radicalement différent de tout ce que nous avons pu connaître auparavant, l'avenir est la surprise même, l'inattendu toujours attendu et une sorte de stupeur qui ne tarde jamais beaucoup à se changer en évidence.

le passé : évanoui

Le passé, lui, est donné. Il n'est pas absent comme
l'avenir. Il n'est pas non plus éternel – ou quasi
éternel – et volatil comme le présent. Il est donné. Mais
il est évanoui.

Il est parti. Il a disparu. Le voilà rejeté à jamais dans
un drôle de statut. Il a été, il n'est plus, mais il est
encore dans une certaine mesure.

Jusqu'à l'invention de l'écriture, le passé n'avait pas
d'autre lieu que le cerveau des hommes. Il pouvait y
avoir des traces, des vestiges, des héritages. Il fallait la
raison et le langage pour les interpréter. L'écriture a
permis de fixer dans l'espace les événements qui se
sont succédé dans le temps et d'en tenir registre. Elle
est la béquille qui permet à la mémoire d'aller et de
venir avec plus de facilité.

Les premiers textes dont nous disposons font le
compte du bétail, énumèrent les moissons, rappellent
les hauts faits des rois protégés par les dieux dont ils
descendent en droite ligne. Des chiffres et des noms
dont il serait difficile de se souvenir à la longue sans
un catalogue et une nomenclature. Plus tard, les choses
se compliquent, et des millions et des millions de

livres, en attendant films et machines, maintiennent en état de survie artificielle un passé tombé dans les pommes, privé de conscience et hors d'état de se défendre tant contre des interprétations contradictoires que contre l'oubli.

Grâce à la science, un passé de plus en plus lointain se dévoile à nos yeux. Jusqu'aux abords du XIXᵉ siècle, conformément aux enseignements de la Bible et de la Genèse qu'il n'était pas question de remettre en question, le passé de l'homme comptait à peine quelques milliers d'années. Darwin ajoute des millions et des millions d'années à la jeunesse, à l'enfance, à la généalogie de l'humanité. Un prêtre tchèque dans l'ancienne Autriche-Hongrie, Johann Mendel, en découvrant les lois de l'hérédité, puis Crick et Watson, en établissant la structure en double hélice de l'ADN et en définissant le code génétique, apportent une confirmation éclatante et un complément d'information à la vision de Darwin. Au-delà des primates et des singes qui sont nos cousins les plus proches, au-delà des dinosaures disparus soixante-cinq millions d'années avant nous, au-delà des méduses et des algues vertes, les ancêtres de l'homme remontent aux origines de la vie, il y a un peu moins de quatre milliards d'années.

Les journalistes nous parlent d'aujourd'hui. Les romanciers, d'hier et de demain. Les historiens, de la dizaine ou de la vingtaine de siècles qui nous précèdent. Quelques centaines de milliers ou quelques millions d'années sont le lot des anthropologues et des préhistoriens. Quelques dizaines ou quelques centaines de millions d'années, c'est le lot des embryologistes et des zoologistes. Quatre milliards d'années, c'est celui des biologistes. Physiciens et mathématiciens nous emmènent encore beaucoup plus loin – jusqu'au big bang, il y a treize milliards sept cents millions d'années. La question est de savoir ce que nous allons trouver tout au bout de l'aventure à rebours, au commencement plein de mystère de toutes les choses de ce monde.

au commencement des choses

Au début, le big bang. Nous connaissons le chemin qui a mené à cette hypothèse. Allons vite. Trois éléments, parmi d'autres, ont joué dans cette démarche un rôle essentiel.

Le premier est l'intelligence humaine. Ce sont les hommes qui découvrent les secrets de l'univers. Il ne leur est pas permis de deviner ce qui va se passer dans l'avenir – sauf peut-être que tout a une fin, que nous mourrons tous et que l'univers disparaîtra comme tout le reste sans exception. L'avenir leur est fermé. Le passé, en revanche, leur est ouvert. Il n'a d'existence que dans leur tête, mais des liens mystérieux unissent les hommes à l'univers et leur permettent de le comprendre.

Le deuxième est la lumière. C'est elle qui nous permet de vivre sous le Soleil et de distinguer les êtres et les choses autour de nous. Sans elle, il n'y aurait pas d'êtres humains, il n'y aurait pas de vie, il n'y aurait pas d'amour et il n'y aurait pas de monde. C'est elle aussi qui nous permet de voir l'univers jusqu'aux confins de l'espace-temps. La lumière apparaît dès les premières lignes de la Genèse. Et c'est d'elle que nous

nous servons pour remonter le cours du temps et pour tenter de savoir d'où nous venons.

Longtemps, les hommes se sont imaginé que l'œil émettait des rayons et que ces rayons allaient de l'œil vers les objets. Pythagore pensait que l'œil projetait une sorte d'antenne subtile et très sensible qui permettait de voir. C'est beaucoup plus tard que le parcours a été inversé et qu'animée d'une vitesse considérable mais non infinie la lumière est allée des objets vers nos yeux. C'est alors qu'elle est devenue ce formidable instrument qui nous fait voir des étoiles depuis longtemps disparues et qui nous apporte, à travers l'espace, des nouvelles du temps de César, de la guerre de Troie, de la conquête du feu ou du règne des dinosaures. Descartes croit encore à une propagation instantanée de la lumière. Nous savons aujourd'hui que la lumière va très vite – et pourtant assez lentement au regard de l'immensité de l'espace. Nous voyons le Soleil tel qu'il était il y a huit minutes, la galaxie Andromède telle qu'elle était il y a deux millions d'années, l'amas de la Vierge tel qu'il était il y a quarante millions d'années, les quasars, aux confins de l'univers, tels qu'ils étaient il y a une dizaine de milliards d'années.

Le troisième élément est le temps.

temps et pouvoir

Le temps, depuis toujours, est lié au pouvoir : une des prérogatives majeures de tout pouvoir politique ou religieux est de le dominer et de le manier à son gré, de le découper en séquences, de fixer les dates des vacances et des fêtes, de décider de l'heure d'hiver ou de l'heure d'été. Les Chaldéens, les Égyptiens, les Chinois, les Indiens, les Mayas l'étudient, le mesurent, l'interprètent grâce aux savants et aux puissants, et à leur bénéfice. En 46 av. J.-C., pour mettre fin à un désordre insupportable qui risquait de décaler de plusieurs mois les fêtes de la moisson ou des vendanges et pour installer son calendrier julien, Jules César, après avoir consulté un astronome d'Alexandrie du nom de Sosigène, impose une « année de la confusion » de quatre cent quarante-cinq jours. Un millénaire et demi plus tard, pour corriger les dérives croissantes du calendrier julien qui menacent à leur tour au loin, Grégoire XIII, à la perplexité de Montaigne, supprime froidement dix jours en trop entre le 4 et le 15 octobre 1585 et donne son nom au calendrier grégorien.

La diffusion du nouveau calendrier est immédiate

dans les États catholiques. Les pays protestants renâclent. Beaucoup n'adopteront la réforme qu'au cours du XVIIIe siècle. Les pays orthodoxes, plus tard encore. D'où toute une série de paradoxes. Un voyageur dans l'Allemagne du XVIIe siècle, divisée en États catholiques et en États protestants, peut arriver à destination avant d'être parti. Shakespeare et Cervantès meurent tous les deux le 23 avril 1616, mais l'Espagnol, le premier, à Madrid, au cœur de l'Espagne catholique, le samedi 23 avril 1616 dans le calendrier grégorien, l'Anglais, dix jours plus tard, à Stratford-upon-Avon, Warwickshire, le mardi 23 avril 1616 dans l'ancien calendrier julien, c'est-à-dire le 3 mai dans le calendrier grégorien.

Les problèmes liés au temps ne se limitent pas à la coïncidence la plus étroite possible entre le mouvement des astres et nos calendriers. Le temps nous pose des questions autrement décisives et qui débordent de loin la brève histoire des hommes.

d'où vient le temps ?

Le temps a façonné le monde autour de nous avant de nous façonner nous-mêmes. L'univers n'est rien d'autre que le big bang travaillé par le temps. La question qui se pose aussitôt est toute simple, et affreusement compliquée : le big bang se situe-t-il dans le temps ou a-t-il créé le temps – on n'ose pas dire « en même temps » mais enfin « avec » tout le reste ?

Beaucoup de savants ne croient pas à une explosion primitive. La majorité d'entre eux y croit. Parmi ceux qui y croient, les uns pensent que le temps est antérieur au big bang et donc que le big bang est un événement qui prend place dans le temps ; reprenant, souvent sans s'en douter, une idée émise, il y a un peu plus d'un millénaire et demi, par saint Augustin qui soutenait que Dieu avait créé le temps avec l'univers, les autres pensent que le big bang est à l'origine du temps comme il est à l'origine de l'espace.

Un argument en faveur de cette dernière hypothèse vient de l'étroite liaison entre le temps et l'espace. Nous savons depuis Hubble et ses successeurs que l'espace est en expansion. Il est en expansion parce qu'il est créé par le big bang minuscule et immense il y a treize milliards sept cents millions d'années. Inséparable de l'espace, pourquoi le temps n'aurait-il pas été, lui aussi, créé, à l'origine de toutes choses, par l'explosion primordiale ?

le temps est un mystère

Le temps nous est si proche et si consubstantiel que nous nous interrogeons très peu sur son étrange nature. Nous ne savons rien de ce temps qui n'accompagne pas seulement l'univers et la vie depuis leurs origines, mais qui les constitue. « Si tu ne me demandes pas ce qu'est le temps, disait saint Augustin, je sais ce que c'est. Dès que tu me le demandes, je ne le sais plus. » Seize cents ans plus tard, les progrès sont minces : « Il est impossible, écrit Hawking, de dire en quoi consiste le temps. »

Il semble qu'à la différence de tout le reste, le temps ne soit fait ni de particules ni d'ondes, qu'il n'occupe aucun espace, qu'il n'ait ni masse, ni température, ni odeur, ni saveur, qu'il soit le comble de la complexité et le comble de l'abstraction, qu'il se confonde à la fois avec tout et avec rien.

Des savants contemporains assurent qu'il est réversible, et même qu'il n'existe pas. Longtemps, de telles assertions m'ont plongé dans la perplexité. J'avais le sentiment que le temps était omniprésent et qu'il avait une flèche qui allait d'hier vers demain, de notre naissance à notre mort, du big bang à la fin du monde.

Nous naissons, nous mourons : il n'y avait presque rien d'autre, sinon quelques anecdotes passagères liées à l'amour, à l'ambition, à la guerre, à la curiosité, aux passions de l'âme. Voilà que de grands esprits me le présentaient comme une équation réversible ou même sans existence du tout. Je suffoquais.

L'invraisemblable mécanisme du temps, avec son avenir inépuisable qui ne se change à chaque instant en un présent éternel et insaisissable que pour se transformer aussitôt en un passé fantomatique et toujours victorieux, me paraissait se confondre avec l'ordre du monde. Le temps produisait tout : les espèces animales et l'*Iliade* et l'*Odyssée*, les grands empires universels et une rixe entre deux bandes dans une banlieue de Hong Kong. Il suffisait d'attendre, et tout survenait. Ce mécanisme implacable, sans jamais le moindre raté, qui nous conduisait comme par la main jusqu'au seul fragment prévisible de l'avenir, c'est-à-dire notre tombe toujours ouverte, la science le réduisait en poudre.

La tête me tournait. Et puis, l'idée m'est venue qu'il restait peut-être dans le temps quelque chose de son origine où l'immensément grand était inextricablement mêlé à l'immensément petit et où le tout et le rien se distinguaient à peine. Le temps est tout dans ce monde et, au regard de l'éternité et de l'infini, ce monde n'est presque rien. Identique à lui-même jusqu'aux galaxies les plus éloignées et jusqu'aux quarks les plus imperceptibles, le temps règne d'une main de fer sur l'univers et sur la vie – et, élastique et variable, il est l'ombre d'une ombre. Le plaisir, la douleur, l'ennui, le travail, la pensée, la vitesse, la masse de la matière, la proximité d'un trou noir d'où la lumière ne peut pas s'échapper suffisent à l'étirer, à le dilater, à le contracter jusqu'à l'inexistence. Peut-être courbé comme cet espace auquel il est lié, le temps est extraordinairement compliqué et puissant et il est subtil jusqu'à l'évanouissement. Il est inexplicable. Il est le mystère même.

Faut-il voir dans ce temps, qui a fabriqué l'univers et qui n'existe pas, comme la signature sur ce monde d'une puissance qui lui serait extérieure ?

l'inimaginable

Depuis quelques années, les hommes remontent le temps jusqu'au big bang. Ils parcourent en esprit avec une relative aisance les treize milliards sept cents millions d'années qui nous séparent de l'origine. Ils en connaissent toutes les étapes, ils voient, grâce à la lumière, notre propre système solaire, les galaxies les plus lointaines, l'univers tout entier en train de se constituer, ils s'approchent de très près, à quelques fractions de seconde, de l'explosion originelle – et ils se heurtent à un mur apparemment infranchissable. C'est le fameux mur de Planck – appelé aussi temps de Planck –, du nom de ce physicien que nous avons déjà vu découvrir les quanta vers le début du siècle dernier.

Qu'est-ce que le mur de Planck ? Accrochons nos ceintures. Le mur de Planck est un temps, égal à 10^{-43} seconde, qui indique le moment, juste après l'explosion originelle, où notre physique perd pied, où les limites de nos connaissances sont atteintes. Les trois premières secondes de l'univers sont décisives. Et l'extrême début de la première seconde nous reste inaccessible. Pour dépasser le temps de Planck, il faudrait une théorie quantique de la gravité où la force gravitationnelle serait unie aux autres forces, théorie qui reste encore à construire.

Le temps de Planck est inimaginablement bref. Tout est inimaginable à l'instant du big bang. Ce qui deviendra notre immense univers est alors dix millions de milliards de milliards de fois plus petit qu'un atome. Il est inimaginablement chaud et dense. Son énergie est inimaginablement grande. Et le temps de Planck, qui dresse son mur devant notre science, est inimaginablement court : 0,000... seconde après l'explosion primordiale. Le premier chiffre non nul ne survient qu'après quarante-trois zéros qu'il serait un peu gauche et poseur de reproduire ici. « La durée d'un flash photographique, nous dit l'astrophysicien Trinh Xuan Thuan, occuperait un milliard de milliards de milliards de fois plus de temps dans l'histoire entière de l'univers que le mur de Planck n'en occupe dans une seconde. »

C'est là, au cœur de cette particularité où s'arrêtent les lois dont nous nous servons chaque jour dans notre exploration de la nature, que s'imposerait la théorie unifiée dont nous évoquions tout à l'heure l'impossibilité et à laquelle Einstein a travaillé avec acharnement et en vain dans les trente dernières années de sa vie. Pour le moment au moins, rien à faire : la relativité générale et sa gravité qui règnent sur l'infiniment grand refusent avec obstination de s'unir à ce que Trinh Xuan Thuan appelle « les seigneurs de l'infiniment petit ».

Peut-être le rêve de l'unification de la mécanique quantique avec la relativité sera-t-il réalisé dans l'avenir ? Aujourd'hui, en tout cas, le mystère le plus profond continue à planer autour du mur de Planck. Derrière l'inimaginable rôde l'inconcevable.

une longue rêverie

En démocratie, le premier venu a le droit de s'installer au comptoir du Café du Commerce et de commenter les faits et gestes du gouvernement au pouvoir et de l'opposition. Ce livre-ci est une sorte de Café du Commerce de la cosmologie et de l'histoire du monde. L'auteur a pris la posture du ravi de la crèche, de Garo, le benêt toujours émerveillé de La Fontaine, du Candide de Voltaire : il est mû par l'étonnement et par l'admiration. Le spectacle du monde le surprend, l'enchante et le remplit d'une allégresse terrifiée.

L'histoire du monde, à elle toute seule, est déjà une sorte de songe. Le récit des efforts des hommes pour tenter de comprendre cette histoire est un autre songe. Les hypothèses qui vont maintenant défiler sont du songe sur du songe. Comme l'univers lui-même, comme la vie de chacun de nous, ce livre est une longue rêverie.

derrière le mur

Depuis le succès de l'hypothèse du big bang, une question se pose avec insistance : derrière le mur de Planck, qu'y a-t-il ?

Si le big bang a créé le temps comme il a créé l'espace, le mot « avant » n'a plus de sens au-delà du mur de Planck – ou en deçà, comme on voudra – puisque de ce côté-là du mur le temps n'existe pas encore : aux yeux des lois de notre monde il n'y a rien. Même pas ce vide qui suppose de l'espace.

Rien ? Il est difficile de croire que notre tout a surgi de rien, que les galaxies en train de s'enfuir, la Voie lactée, notre système solaire qui tourne depuis longtemps, la Bible, l'*Iliade* et l'*Odyssée*, la naissance de Bouddha, les conquêtes d'Alexandre, la Grande Muraille de Tsin Che Houang-ti, l'Empire romain, la crucifixion du Christ Jésus, le Coran, les splendeurs de Bagdad, les croisades, la chute de Constantinople, l'invention de l'imprimerie, les Grands Moghols en Inde, la Révolution française et les lignes que vous lisez sont sortis de rien. Il faut plutôt imaginer que, de l'autre côté du mur de Planck, « avant » la particularité du big bang, il y a *autre chose*. Autre chose dont, naturellement, il est impossible de parler.

Après Platon et Aristote, le plus grand nom de l'histoire de la philosophie, l'auteur d'un renversement métaphysique qui s'inspire de la révolution entreprise par Copernic dans le domaine de la cosmologie, c'est Emmanuel Kant. Ce qu'établit Kant dans sa célèbre – et difficile – *Critique de la raison pure*, c'est que l'espace et le temps sont, pour les hommes, les conditions nécessaires et universelles de toute expérience et de tout savoir. La nature et toutes les choses de ce monde ne nous sont jamais données, sous forme de phénomènes, qu'à travers l'espace et le temps. En dehors de l'espace et du temps, et par opposition aux « phénomènes » – c'est-à-dire à ce qui nous apparaît –, Kant reconnaît l'existence d'une réalité profonde et inaccessible qu'il appelle les « choses en soi ». L'accès aux choses en soi nous est rigoureusement interdit : elles sont pour nous une sorte de *x* mystérieux, une interrogation, une angoisse, une inconnue – mais une inconnue indispensable, car sans elle il n'y aurait rien.

Ce qu'il y a derrière le mur de Planck, c'est autre chose que tout ce que nous pouvons imaginer ou même concevoir – peut-être une réalité d'une autre nature et d'un autre ordre, plus ou moins comparable à la chose en soi de Kant.

Dieu

Derrière le mur de Planck, notre logique ne joue plus. Seule, la mathématique peut encore prétendre que la puissance des nombres ne s'arrête pas aux confins de l'espace et du temps. Mais aucune vérification expérimentale ne peut être entreprise ni même envisagée. De l'autre côté du mur, la définition fameuse de la mathématique est plus tentante que jamais : « Une science où personne ne sait jamais de quoi on parle ni si ce qu'on dit est vrai. »

Le big bang et le mur de Planck marquent les limites entre le domaine des phénomènes et de l'expérimentation qui nous est familier et un *no man's land* inconnu dont nous ne pouvons rien savoir et qui n'existe peut-être même pas. Nos sens n'y ont pas accès. Nos lois n'y fonctionnent plus. Si bien adaptée au monde autour de nous, l'intelligence humaine ne peut pas le concevoir. C'est le règne de la fiction, du roman non écrit, de la poésie sans paroles. C'est le royaume de l'espérance. C'est le royaume de la foi. Chacun peut y mettre ce qu'il veut. Et même le refuser et n'y voir qu'une illusion, une mystification, une imposture.

C'est cette nuit obscure que les hommes appellent Dieu.

Dieu et les hommes

Ce que les hommes ne comprennent pas, ils le mettent sur le compte de puissances auxquelles ils donnent des noms de dieux. Un pan immense de notre histoire est lié à cet exercice. On dirait qu'une des activités principales de l'humanité est d'inventer des religions. Selon la Genèse, Dieu a créé l'homme à son image. Les hommes ont pris leur revanche : ils ont créé des dieux à leur image. Les noms des dieux couvrent – le plus souvent assez mal – leurs propres craintes et leurs propres ambitions. Ils se servent d'un monde qu'ils ne connaissent pas pour exercer leur pouvoir sur ce monde qu'ils connaissent.

L'idée d'un Dieu tout-puissant à qui pourraient être attribuées la création de l'univers et sa conservation surgit assez tard dans l'histoire des hommes. Longtemps, ils ont accordé à des forces magiques, puis à des mythes, et enfin à des généalogies improbables et interminables de dieux et de déesses à visage animal ou humain les pouvoirs inconnus dont ils étaient les jouets. Peu à peu, des dieux plus puissants, plus habiles ou plus chanceux l'emportent sur les autres : Brahma, Vishnou, Siva, Isis, Osiris, Amon-Râ et Aton, Apollon, Dionysos, Athéna, Mars, Vénus et Junon, Poséidon ou Neptune, Héphaïstos ou Vulcain, surtout Zeus et Jupiter, qui sont les rois des dieux, ou encore Ahura-Mazda ou Mithra largement oubliés aujourd'hui et qui ont connu leur heure de gloire.

Le Dieu unique apparaît avec Abraham, qui a peut-être existé il y a quelques milliers d'années, à peu près à l'époque de la diffusion de l'écriture, toujours du côté de ce Tigre et de cet Euphrate d'où sort toute civilisation. Dans ses versions juive, chrétienne, beaucoup plus tard – entre Clovis et Charlemagne chez nous – musulmane, le Dieu unique conquiert une grande partie du monde. Ce qu'il y a de commun à Jérusalem et à Byzance, à Bagdad et à Rome, à Constantin et à Grégoire le Grand, à Théodoric et à Théodora, à saint Augustin et à Mahomet, à Charlemagne, à Haroun al-Rachid, à Dante, à Mehmet II, à Michel-Ange, à Charles Quint, à Shakespeare, à Cromwell, à Descartes, à Louis XIV, à Racine, à Akbar, à Newton, à Robespierre, à Washington, à Pétain et à de Gaulle, c'est Dieu.

L'idée que les hommes se font de Dieu a fait couler beaucoup de sang. Dieu est un grand pourvoyeur de guerres et de crimes de toutes sortes. Plus encore que la soif de pouvoir ou la passion de l'argent avec lesquelles il lui arrive de se confondre. Les hommes trouvent en Dieu ou dans l'idée qu'ils se font de lui une vérité absolue qu'il s'agit d'utiliser et de répandre par le fer et par le feu. Les croisades, l'Inquisition, le djihad, la conquête de l'Amérique, l'exploitation de l'Afrique et des Africains, la politique d'expansion de la Sublime Porte turque, la conquête de l'Inde par les

Moghols musulmans ne sont pas des souvenirs de paix. L'intolérance et la cruauté s'y mêlent au goût de l'aventure, à la puissance et à la grandeur. Dieu, le plus souvent, fait bon ménage avec la culture, avec la beauté, avec l'argent et avec la violence.

Dieu fait homme

Le coup de génie du christianisme, ce qui le distingue de toutes les autres religions, c'est l'Incarnation. Dieu se fait homme, le Fils de l'Homme est Dieu et, d'une certaine façon, l'homme devient Dieu. À travers tous les schismes et toutes les hérésies, d'Arius à Nestorius et aux monophysites, l'Église n'a jamais cessé de s'attacher à ce point essentiel : le Christ est Dieu et il est homme. Dieu ne peut pas être connu, mais Jésus peut être aimé. L'impossible savoir s'est changé en amour.

Ce que Dieu veut, nous ne le savons pas. Ce que le Christ nous dit, c'est qu'il faut aimer Dieu et les hommes. Quelles que puissent être les opinions professées à l'égard d'une institution humaine qui a duré d'ores et déjà plus longtemps que toutes les autres, force est de reconnaître la grandeur et l'intelligence du christianisme : il laisse Dieu où il est, c'est-à-dire ailleurs, et il transfère à l'homme le pouvoir de régner sur le monde, de le changer et d'attendre la fin des temps.

La doctrine de l'Église a été élaborée au cours de conciles successifs. Elle est le fruit de discussions et de débats entre de grands esprits et beaucoup d'intérêts

185

particuliers. Un célèbre concile tenu à Éphèse a long-temps été appelé le « brigandage d'Éphèse ». On raconte que Luther, de passage à Rome, épouvanté par les querelles de personnes qui s'y donnaient libre cours et par l'atmosphère qui y régnait, se serait écrié qu'il devait y avoir une parcelle de divine vérité dans cette religion corrompue pour qu'elle ne se fût pas déjà écroulée sous le poids de ses fautes.

Comme tout dans ce monde, y compris peut-être la nature, comme le judaïsme, comme l'islam, comme le bouddhisme, le christianisme et l'Église catholique sont une construction humaine. Et cette construction humaine se réclame d'un Dieu qui, sous les espèces du Saint-Esprit, inspirerait les conciles et les papes et serait présent à chaque être humain dans l'eucharistie. Ce Dieu à qui Jésus s'adresse dans ses derniers ins-tants : « *Eli, Eli, lama sabachtani ?* Mon Dieu, mon Dieu, pourquoi m'as-tu abandonné ? », que savons-nous de lui ?

Pas grand-chose en vérité.

Hymne
de saint Grégoire de Naziance

Ô toi, l'au-delà de tout,
Comment t'appeler d'un autre nom ?
Quel hymne pourra te chanter ?
Aucun mot ne t'exprime,
Quel esprit pourra te saisir ?

Tu es au-delà de toute intelligence.
Seul, tu es indicible
Car tout ce qui se dit est sorti de toi.
Seul, tu es inconnaissable
Car toute connaissance est sortie de toi.

De tous les êtres tu es la fin.
Tu es unique.
Tu es chacun et tu n'es personne.
Tu n'es pas un seul être
Et tu n'es pas l'ensemble de tous les êtres.

Tu as tous les noms.
Comment t'appellerai-je,
Toi, le seul qu'on ne puisse nommer ?
Ô toi, l'au-delà de tout,
Comment t'appeler d'un autre nom ?

l'auteur ! l'auteur !

L'auteur ne se propose pas de rédiger un traité de théologie, un catéchisme pour enfants ou pour adultes, une œuvre de combat ou de propagande. Pour diverses raisons, qui ont été exposées ailleurs, il a été élevé – cette double filiation se sent peut-être ici ou là – à la fois dans la religion catholique et dans un esprit de tolérance laïque.

Il est agnostique. Il ne sait pas. Il aimerait bien savoir. Ou, au moins, en savoir un peu plus. Il écrit ces pages pour tenter d'y voir un peu plus clair.

les deux questions

Au moins une fois dans la vie de chacun d'entre nous, deux questions – et deux questions seulement –, toutes simples et peut-être sans réponse, mais auxquelles il est difficile de se soustraire et autour desquelles nous tournons depuis le début de ces pages, ne peuvent pas manquer de se poser.

La première : Dieu existe-t-il ?

La seconde : Qu'y a-t-il après la mort ?

heurs et malheurs d'Anselme
et de l'ontologie

Longtemps, théologiens et philosophes ont misé sur les preuves de l'existence de Dieu. Ils en faisaient leurs choux gras. Ils les tiraient de leurs poches. Elles pleuvaient comme à Gravelotte. Elles passaient pour irréfutables – et elles n'ont jamais réussi à convaincre que ceux qui étaient déjà convaincus. La plus célèbre d'entre elles était l'argument de saint Anselme, appelé aussi « argument ontologique ». C'était tout simple : Dieu est parfait ; la perfection implique l'existence ; donc Dieu existe.

Kant a réduit en pièces l'argument ontologique : Dieu n'est pas un phénomène dont nous puissions nous faire quelque idée claire que ce soit. Nous sommes incapables de rien dire de certain de Dieu. Nous ne pouvons ni prouver ni réfuter son existence.

Une preuve irréfutable de l'existence de Dieu n'est pas seulement impossible. Elle serait surtout une catastrophe. Une catastrophe, bien sûr, pour les incroyants, pour les athées, pour les ennemis de Dieu. Mais une catastrophe aussi pour les croyants et pour toutes les Églises. Ce qui fait la puissance de Dieu aux yeux des hommes, c'est que, même quand nous croyons en lui, nous ne savons pas s'il existe. Le mystère est au cœur de la foi.

Comme beaucoup de grands savants, Bertrand Russell ne croyait pas à Dieu. Un de ses amis lui demanda pourtant un jour ce qu'il répondrait à Dieu si, par extraordinaire, il se retrouvait après sa mort en face du juge suprême, créateur de toutes choses. Russell réfléchit un instant. Et il lâcha : « Pas assez de preuves ! »

Je crains que le Prix Nobel ne se soit laissé entraîner par ses habitudes de logicien et de mathématicien. Dieu n'a que faire de preuves : il les laisse aux savants et aux philosophes. Dieu n'est pas une expérience de physique : il ne cherche pas à s'imposer de façon décisive. Dieu n'est pas une équation : il fuirait plutôt l'évidence. Dieu n'est pas un politicien : il ne tente pas de se faire élire à coups de promesses et d'arguments. L'ambition de Dieu n'est pas d'être irréfutable. S'il existe, il lui suffit d'une seule chose : il lui suffit d'être – et c'est assez.

Dieu, par essence, est inconnu et caché. Dans la religion juive, il est à peine permis de prononcer son nom. Il déclare à Moïse que le voir, c'est mourir. Quand les légions romaines envahissent le Saint des Saints du Temple de Jérusalem, lieu mystique par excellence où seul le grand-prêtre avait le droit de pénétrer, elles découvrent avec stupeur un sanctuaire entièrement vide et nu. Dans la religion musulmane, il est interdit de le représenter. Son évidence détruirait toute religion. Dieu est une idée pure dans un autre monde que le nôtre. Il est tension. Il est espérance. Il est un rêve infini. Kant l'a vu mieux que les théologiens et les Pères de l'Église : Dieu n'est pas un savoir. Il est une croyance.

croire et savoir

Ce qu'il y a de bien avec Dieu, c'est que la familiarité avec lui n'est pas réservée à ceux qui savent. On peut ne rien savoir et croire à Dieu. C'est un cas assez fréquent. On peut tout savoir, ou presque tout, et ne pas croire à Dieu. C'est une attitude presque aussi répandue. On peut aussi ne rien savoir et croire que Dieu est une faribole. Et on peut même savoir tout ce qu'il est possible de savoir et pousser la naïveté jusqu'à croire encore à Dieu. « Tout est immense, écrit Péguy avec une ombre de provocation, le savoir excepté. » Et il ajoute : « Nos connaissances ne sont rien auprès de la réalité connaissable, et d'autant plus, peut-être, auprès de la réalité inconnaissable. »

Le monde est inépuisable et Dieu n'est pas de ce monde. S'il existe, c'est ailleurs. Et aussi dans le cœur de ces hommes qui ont besoin d'autre chose que ce monde auquel ils appartiennent.

encore moi

Je ne sais pas si Dieu existe mais, depuis toujours, je l'espère avec force. Parce qu'il faudrait qu'existe tout de même ailleurs quelque chose qui ressemble d'un peu plus près que chez nous à une justice et à une vérité que nous ne cessons de rechercher, que nous devons poursuivre et que nous n'atteindrons jamais.

De temps en temps, je l'avoue, le doute l'emporte sur l'espérance. Et, de temps en temps, l'espérance l'emporte sur le doute. Ce cruel état d'incertitude, cette « *fluctuatio animi* » pour parler comme Spinoza, ne durera pas toujours. Grâce à Dieu, je mourrai.

j'ai eu de la chance

Je mourrai. J'aurai vécu. Je me suis souvent demandé ce que j'avais fait de cette vie. La réponse était assez claire : je l'ai aimée. J'ai beaucoup aimé ce monde. Je n'ai pas demandé à y venir. J'y ai été jeté. Pour combien de temps ? Je ne sais pas. (Mais je commence à le deviner.) Par qui ? Je ne sais pas. Pourquoi ? Je ne sais pas. Je sais seulement que j'y ai été heureux.

J'ai eu de la chance. Mon siècle était une rude époque. Toutes les époques, j'imagine, ont connu des malheurs. Même la Grèce de Périclès, même l'Italie de la Renaissance, même le XVIIIe siècle français, en apparence si délicieux. Mais, en matière de désastres, de cruauté, de douleurs, le XXe siècle a été gâté. Beaucoup autour de moi ont connu de grandes souffrances. La haine, la guerre, la mort, la maladie, la pauvreté, le désespoir ont frappé à coups redoublés le monde de mon temps. Le pays et la langue auxquels j'appartenais ont lentement décliné à mesure que je vieillissais. Auréolée de sa victoire sur les empires centraux, la France d'entre les deux guerres était encore au centre de l'univers. La marche vers la Seconde Guerre a été

195

un chagrin illuminé par des livres plus brillants que jamais. La défaite de 1940 a été le coup le plus dur jamais porté à ce pays. Les six années de guerre ont été une horreur. Le monde en est sorti brisé et comme désenchanté. L'image qui restera de ce temps n'est pas très brillante. La science et la technique ont fait des progrès inouïs. Elles ont rendu la vie plus facile et moins dure – et elles commencent à faire peur. Je crois, je me trompe peut-être, que les hommes espéraient mieux. On assure qu'Einstein, à la fin de sa vie, aurait préféré être plombier.

Dans ce désenchantement général, j'ai fait ce que j'ai pu. Parce qu'elle avait été pour moi d'une indulgence criante, j'ai essayé de rendre la vie moins sombre et parfois presque gaie. C'était la moindre des choses.

Dans ce jeu du chagrin et de la gaieté, les questions se bousculaient : Pourquoi cette chance ? Qui remercier ? Pourquoi les autres étaient-ils déportés, fusillés, pendus, exécutés à la hache, enlevés à vingt ans par la vitesse ou le cancer, accablés de malheur, écrasés par le sort – et pas moi ? J'ai la goutte et le rhume des foins, je suis sourd, je m'évanouis de temps à autre, je fais l'amour moins souvent et je cours beaucoup moins vite : c'est embêtant – mais enfin je ne me plains pas. J'ai eu de la chance. Merci. Peut-être plus que d'autres. Pardon.

Je n'ai pas seulement eu de la chance. Je suis né. Pourquoi ? J'ai participé à cette grande aventure des hommes – dont ils s'occupent si peu. Pourquoi ? Pourquoi y a-t-il des hommes ? Pourquoi y a-t-il un monde ? Pourquoi y a-t-il quelque chose au lieu de rien ?

une aventure du baron de Münchhausen

Dieu est invraisemblable, c'est une affaire entendue. L'absence de Dieu est plus invraisemblable encore.

Beaucoup d'astrophysiciens et de spécialistes de la cosmologie soutiennent que l'univers s'est constitué de lui-même par le jeu du hasard et de la nécessité. Le hasard étant lui-même un croisement accidentel de nécessités, demandons-nous d'où surgissent l'enchaînement des effets et des causes et cette notion de nécessité que l'évidence ne protège pas des interrogations. La nécessité est aussi réelle et aussi arbitraire que tout le reste de l'univers : l'espace, le temps, la matière, la vie, l'évolution...

Les Aventures du baron de Münchhausen – d'où est issue, en pleine Révolution, pour amuser les bourgeois secoués par la Terreur, la version française de *Monsieur de Crac en son vieux castel* – ont connu un grand succès dans l'Europe germanique à la fin du XVIIIᵉ siècle. Ce qui arrive dans cette bande dessinée de génie au baron Karl Hieronymus von Münchhausen – qui, dans la vie réelle, était né à Hanovre avant de s'engager dans l'armée russe pour se battre contre les Turcs – est follement distrayant.

Émule de Lucien de Samosate et de Cyrano de Bergerac, précurseur de Dumas, de Jules Verne, de H. G. Wells, de Tintin et de l'opération Apollo, il part notamment pour la Lune assis sur un boulet de canon. Au cours de ses pérégrinations, il lui arrive, parmi des dizaines d'autres, une aventure éprouvante : il tombe dans un marais qui manque de l'engloutir. Il se sort de cette fâcheuse situation par un stratagème très habile : il se tire lui-même par les cheveux et par les bottes et il parvient à s'extirper, sans aucune aide extérieure, de l'abîme où il s'enfonçait.

Les astrophysiciens qui plaident pour un univers qui sort tout seul du néant se réclament ouvertement, sans la moindre vergogne et avec un humour corrosif dont on ne peut que les féliciter, du baron de Münchhausen. Le tout se dégage du rien en un mouvement baptisé « *bootstrap* » en souvenir du baron. C'est une plaisante invention. Quelque invraisemblable qu'il puisse paraître, Dieu, en comparaison, a un côté familier et popote d'une rassurante banalité.

Dieu hors du temps

Beaucoup d'arguments, souvent convaincants, ont été avancés contre Dieu. Il n'est pas difficile de l'attaquer. Nous sommes des hommes et, aux yeux des hommes, rien – ou presque rien – de plus absurde que Dieu. Deux cents ans avant saint Augustin, un apologiste chrétien l'avait déjà compris : « *Credo quia absurdum* – Je crois parce que c'est absurde. »

Un des arguments des adversaires de Dieu repose sur une régression à l'infini. À supposer que Dieu ait créé le monde, et qu'il soit la cause de toutes choses, il nous faudrait un autre Dieu qui soit la cause de ce Dieu créateur et ainsi de suite à l'infini. Autant imaginer que l'univers lui-même est éternel et qu'une série continue de catastrophes, de débuts et de fins, avec ou sans big bang, s'enchaîne sans répit en un cycle sans fin. C'est ce que pensent – et c'est bien leur droit – beaucoup de ceux qui ne croient pas à Dieu.

Une telle conception n'est ni plus ni moins incompréhensible pour l'esprit humain qu'un Dieu créateur. « Avant » le big bang, de l'autre côté du mur de Planck, nous sommes de toute façon dans l'ineffable et dans l'impensable. Surtout si le temps, à l'image de l'espace, est créé par le big bang. Le privilège de Dieu est d'arrêter sur lui la course infernale des causes et des effets. En l'absence du temps et de son déroulement, Dieu échappe à cet enchaînement des effets et des causes. Il constitue une sorte d'abcès de fixation du mystère et de l'absurde. S'il existe, il est ce que les anciens philosophes appelaient *causa sui*, cause de lui-même, sa propre cause. Chez Baruch de Spinoza encore, ce juif portugais que nous avons déjà rencontré et qui vivait en Hollande vers le début du règne de Louis XIV, Dieu est « substance ». La substance de Spinoza n'est plus, comme dans l'école de Milet, au VIe siècle avant notre ère – rappelez-vous –, ni l'eau, ni l'air, ni le feu, ni rien de cet ordre. La substance, pour Spinoza, c'est l'être en tant qu'il est son propre fondement, c'est l'être dans son autosuffisance absolue et qui ne dépend de rien d'autre que de soi. La substance, pour Spinoza, rejeté par les juifs d'Amsterdam et qui ne passe pour athée qu'aux yeux de ceux qui ne l'ont pas lu, c'est Dieu. Elle est éternelle parce qu'elle est intemporelle, c'est-à-dire étrangère au temps.

Cette idée d'un Dieu hors du temps peut sembler folle. Elle l'est à nos yeux à nous, qui, pour la durée de notre vie, sommes plongés dans le temps. Elle ne l'est pas beaucoup plus que toutes les constructions édifiées, les unes après les autres, pour échapper à l'hypothèse d'un Dieu créateur de l'univers. Au-delà du big bang, avec Dieu ou sans Dieu, nous ne pouvons que reconnaître notre impuissance et constater que nos lois ont cessé de jouer – ou ne sont pas encore mises en place, tels le Soleil ou notre Terre ou la Lune avant leur apparition dans l'immense firmament.

le monde est une énigme

Nous voilà parvenus à un tournant de notre trop longue excursion. Que savons-nous ? Grâce à la science, beaucoup de choses, si longtemps ignorées, peu à peu découvertes – et presque rien. Presque tout, en vérité. Sauf l'essentiel. Un enfant de sept ans en sait plus aujourd'hui sur l'univers autour de lui et sur son propre corps qu'Aristote et Descartes. Et tous nos Prix Nobel réunis n'en savent pas plus sur le temps qui passe, sur la mort, sur le sens de l'univers, sur le destin des hommes, sur une autre vie possible ou peut-être impossible qu'un gamin d'Ur ou de Thèbes, de Milet ou d'Élée, ou de l'Athènes de Périclès.

On dirait que le monde, réglé avec tant de rigueur pour poursuivre sa carrière depuis la nuit des temps, est construit aussi, de lui-même ou du dehors, pour demeurer une énigme. Si merveilleusement articulée avec l'infiniment petit et l'infiniment grand, avec les atomes et les photons, avec les bactéries, avec les galaxies, avec les étoiles dont elle provient, adaptée comme par miracle à l'univers sans bornes, je ne crois pas que la pensée des hommes soit jamais capable de résoudre cette énigme.

la science est une tâche infinie

Le tout est un rébus, une devinette, une interrogation béante, une énigme. Pour avancer dans cette énigme aussi loin que possible, nous avons une seule ressource : notre pensée. Et un seul outil : la science.

La science n'en est qu'à ses débuts. Elle fera des choses inouïes. Elle modifiera les climats, la face de la planète, la condition des hommes, elle leur permettra de s'échapper de la Terre, elle conquerra d'autres mondes, elle inventera d'autres soleils, elle allongera notre vie au-delà de l'imaginable et elle la transformera de fond en comble. Il n'est pas impossible qu'elle franchisse le mur de Planck. Ce qui est impossible, c'est qu'elle fournisse la clé de l'énigme.

La science progresse : c'est son métier et sa gloire. À mesure qu'elle progresse, son horizon s'élargit. Parce que l'univers est inépuisable, chaque problème résolu ouvre sur un nombre toujours croissant de questions. Au point que ce que nous ne savons pas, au lieu de se restreindre, aurait plutôt tendance à s'accroître à la façon d'un ballon qui ne cesserait de se gonfler. La science n'atteint jamais son but parce que le but n'en finit pas de se dérober – et qu'en vérité il n'y a pas de but : la science est une tâche infinie. Sa grandeur est de se présenter comme un rêve toujours inassouvi.

la réalité est un rêve

La science n'est pas seule à prendre l'allure d'un rêve infini dont les porteurs sont les hommes. L'ensemble de ce que nous appelons réalité peut être considéré comme un rêve collectif, interminable, d'une cohérence admirable, plein de douceur et de violence, rêvé successivement et simultanément par tous les êtres humains. Il est plongé dans le temps et il se transforme avec lui. Il passe de génération en génération et d'esprit en esprit. Il est borné pour chacun par la mort inéluctable. Il commence avec les uns, il se poursuit avec les autres. Il reprend sans se lasser là où il s'était arrêté. S'il n'y avait plus d'êtres humains pour rêver ce long rêve, il n'y aurait plus de réalité. Il y aurait peut-être encore des étoiles, des rochers, des bruyères, des sapajous. Mais il n'y aurait personne pour les rêver, pour les relier en un tout, pour s'interroger sur eux et pour leur donner l'ombre d'un sens.

La science décrypte le rêve et elle en fait partie. Elle croit l'emporter sur lui, l'expliquer, le conquérir. Elle est un rêve dans le rêve. Aussi fort, aussi puissant. Peut-être plus puissant encore et en tout cas plus cohérent que le rêve dont elle est le rêve. Mais emporté par lui.

le vertige du monde

La science ne peut pas m'apprendre – comment le pourrait-elle ? – si Dieu existe ou non. Mais la nécessité et le hasard m'étonnent plus que jamais.

Ce qui me surprend dans le hasard, c'est son accumulation. J'ai des yeux – et ils voient. Sclérotique, choroïde, rétine, cornée, iris, pupille, humeur aqueuse et vitreuse, cristallin. Quoi de plus simple ? (et de plus compliqué). J'ai des oreilles pour entendre. Tympan, marteau, enclume, étrier, limaçon. Presque invraisemblable. Et alors ? Il y a des étoiles dans le ciel. Elles ne tombent pas les unes sur les autres, elles ne s'enfuient pas n'importe où, elles suivent un chemin qui se laisse découvrir et un destin qui se calcule. Surtout les nuits d'été, c'est un joli spectacle, mais nous y sommes habitués et bien peu s'y attardent. Le Soleil nous éclaire, nous réchauffe et nous permet de vivre. Nous n'allons pas fêter Noël là-dessus. Tout est réglé dans l'univers avec une précision accablante. Qu'on ne nous casse pas les pieds avec des détails inutiles. Le temps s'écoule et il dure, il passe et ne passe pas. Et nous ne savons rien de lui. C'est comme ça. N'en parlons plus.

Un hasard, rien de plus courant. Deux hasards,

pourquoi pas ? Trois hasards, passe encore. C'est la foule des hasards, tous allant dans le même sens, dans le sens de la matière en train de se constituer, dans le sens de la vie en train de naître, dans le sens de l'histoire en train d'avancer, qui commence à me tourner la tête.

L'univers dans son entier, ses règles immuables, sa cohérence, son harmonie, le Soleil, les étoiles, la lumière, les fleurs des champs et tout le reste que je vous épargne, ah ! et le temps aussi, et moi par-dessus le marché pour rêver toutes ces choses, ça fait tout de même beaucoup. J'ai le vertige du monde.

Et tout ce qu'on me raconte pour me remettre sur la bonne voie et me convaincre de la capacité du tout à se produire lui-même me semble invraisemblable. Y compris cette vieille lune déjà un peu décatie, ce gri-gri de sorcier tombé du ciel sans crier gare : la conjonction quasi magique du hasard et de la nécessité qui suffirait à expliquer le surgissement de l'univers. Il faudrait pour s'en contenter une sacrée dose de crédulité. À voir se succéder et disparaître tour à tour tant de théories différentes et souvent opposées, il y a des moments où vous finissez par vous demander si, encore et toujours, ce qui vieillirait le moins, ce ne serait pas le Vieux.

si Dieu n'existe pas...

Dieu existe-t-il ? Dieu seul le sait.

Longtemps, les hommes ont fait comme si Dieu existait. Ce n'était pas fameux. Guerres, exploitation, violence, crimes de toutes sortes, mensonges. Mais restait l'espérance.

Depuis un siècle ou deux, un peu plus, un peu moins, beaucoup font comme s'il n'existait pas. Le progrès est douteux. Le monde est désenchanté. Guerres, exploitation, violence, crimes de toutes sortes, mensonges. Et très peu d'espérance.

L'ambition de ce livre est d'inverser le mouvement et de donner ses chances à un Dieu dont il est aussi impossible de prouver l'existence que la non-existence.

Rendre sa chance à Dieu, c'est, du même coup, rendre ses chances à l'homme. Si Dieu n'existe pas, je ne donne pas cher des hommes. Si Dieu n'existe pas, qu'il nous prenne en pitié !

l'être est, et c'est assez

Pourquoi y a-t-il quelque chose au lieu de rien ?
Parce qu'il y a de l'être pour l'emporter sur le néant.
L'être est. C'est assez.
Et le choix des mots est libre : nous pouvons l'appeler Dieu.

LA MORT : UN COMMENCEMENT ?

nous mourrons tous

Le système du temps enferme notre présent, où nous pouvons, sinon tout, du moins beaucoup, entre deux domaines qui échappent à notre puissance : le passé, plein d'ombre et de mystères, et l'avenir, inconnu.

Nous ne savons rien de l'avenir. Sauf une chose : nous mourrons tous. Les nombres, les mathématiques, la science sont irréfutables. Notre mort aussi. Elle est une des rares certitudes dont nous puissions nous targuer. De l'Ecclésiaste et de Pyrrhon, le maître du scepticisme, à Montaigne, à Descartes et au désespéré qui va se jeter par la fenêtre parce qu'il ne croit plus à rien, les hommes peuvent tout mettre en doute – sauf leur mort inéluctable. Même les fous, même les sages, même les puissants, même les rois, même le Fils de Dieu puisqu'il s'était fait homme, savent qu'un jour ils mourront. Tous le savent dur comme fer, mais, pour pouvoir continuer à vivre, ils font semblant de l'oublier. Les hommes ont peur de la mort et ils ensevelissent sa pensée comme ils ensevelissent leurs semblables. « On n'entend dans les funérailles, écrit Bossuet avec une espèce de sauvagerie, que des paroles d'étonnement de ce que ce mortel est mort. »

les hommes sont égaux
parce qu'ils meurent

S'il y a quelque chose à quoi je crois, c'est à l'égalité
entre les hommes. Il y a de bons et de mauvais livres,
des imbéciles et des subtils, des Chérubin et des Qua-
simodo, des garçons et des filles qui courent plus vite
que les autres, des saints et des assassins. Mais ces
distinctions n'entraînent aucune hiérarchie. Un Prix
Nobel, un professeur au Collège de France, un
champion du monde, une beauté reconnue, un cardinal
ou un grand rabbin et la dernière des crapules ne valent
ni plus ni moins que vous ou moi.

Il faut pourtant être aveugle pour soutenir que le
destin des uns vaut le destin des autres. Notre vie à
tous est commandée par l'histoire, la géographie, le
climat, le milieu, le tempérament, les dons, le hasard.
Une de ses caractéristiques est son injustice. Certains
ont tout. Beaucoup n'ont rien. L'histoire n'est faite que
de ces contrastes.

Si différents les uns des autres, les hommes n'en sont
pas moins égaux. Ils sont égaux parce qu'ils meurent.

vivre, c'est mourir

Rien ne nous prouve que nous mourrons. Un homme – ou une femme – jeune et en bonne santé aurait plutôt tendance à se sentir immortel. Par une sorte de miracle évident et le plus souvent passé sous silence à cause de son évidence même, chacun de nous pense et agit comme s'il n'allait jamais mourir. Spinoza en rajoute : « L'homme libre ne pense à rien moins qu'à la mort, et sa sagesse est une méditation non de la mort, mais de la vie. »

L'ennui est que notre vie se confond avec notre mort. « Philosopher, nous dit Montaigne au rebours de Spinoza, c'est apprendre à mourir. » Et encore : « mourir est la plus grande besoigne que nous ayons à faire. » Tout être vivant signe, en naissant, un pacte tacite avec la mort. Vivre, c'est mourir. Et mourir est une chance : ne peuvent être appelés à mourir que ceux qui ont vécu. Nous sommes des morts en sursis. Proust, en une formule saisissante, parle quelque part des vivants comme de morts qui n'ont pas pris leurs fonctions.

un autre mur, une autre stupeur

De cette mort, nous, les vivants, nous ne savons rien. Nous n'avons jamais rien su. Nous ne saurons jamais rien. On dirait qu'un autre mur de Planck, plus infranchissable encore que le premier, et plus paradoxal, nous en interdit, non pas l'accès, mais la connaissance. La mort ne se laisse pas penser. La condition humaine se résume peut-être à cette constatation : notre seule certitude, nous ne pouvons rien en dire.

une matière de rêve

L'univers est en expansion, le monde se transforme, les espèces évoluent, le corps humain se délite, les idées changent. Depuis qu'il y a de la vie sur cette planète, la mort est restée la même. Il n'y a peut-être que deux choses qui n'ont pas bougé depuis les origines : le temps, qui n'arrête pas de passer, et la mort, immobile et absente – et pourtant aux aguets.

Le temps et la mort sont une matière de rêve pour un écrivain : il n'y a pas de documentation et le sujet est vierge. On en a beaucoup parlé, mais toujours en vain. « La mort, écrit Paul Valéry, nous parle d'une voix profonde pour ne rien dire. » Sur le temps et la mort, nous en savons autant que les hommes de la préhistoire.

nous ne mourrons pas : nous mourons

Le lecteur me pardonnera de lui parler de sa fin avec tant d'insistance. C'est que la mort ne cesse jamais de nous accompagner. Nous ne mourrons pas : nous mourons. À chaque instant de notre vie, nous sommes en train de mourir.

La mort n'est pas un accident qui risque de survenir. Elle peut, bien entendu, nous frapper n'importe quand. La voix publique le dit très bien : « Un accident est si vite arrivé... » Mais elle n'est pas un accident. Il n'y a que ses circonstances pour être accidentelles. Nous sommes sur Terre pour aimer, pour être heureux, pour nager dans la mer, pour nous promener dans les bois. Peut-être même pour faire de grandes choses ou pour jouir de la beauté. Peut-être. Nous vivons surtout pour mourir. Heidegger, au siècle dernier, nous l'a ressassé jusqu'à plus soif : l'homme est un être-pour-la-mort.

la mort n'est pas une anecdote

On ne peut pas dire n'importe quoi ni vivre n'importe comment. La vie est brève, l'éternité est longue, chacun de nous est un être-pour-la-mort : impossible de ne pas nous demander ce qui nous attend de l'autre côté de ce pont que nous avons à franchir. Tout dans notre parcours relève de l'anecdote – sauf la mort.

Dieu et la mort

Les deux questions que nous nous sommes posées – Dieu existe-t-il ? Qu'y a-t-il après la mort ? – n'en font qu'une. Si Dieu n'existe pas, la mort est la fin de tout. Personne n'ira croire à une vie éternelle si Dieu n'est qu'illusion. S'il existe au contraire un je ne sais quoi lumineux et obscur que nous nous risquons à appeler Dieu, une place pourrait être faite à des espérances plus ou moins invraisemblables aux yeux des vivants.

Notre sort pour l'éternité est lié à l'idée que nous nous faisons de Dieu.

la cendre et la semence

Disons les choses d'une phrase : la mort, pour un chrétien, pour un musulman, pour un juif pratiquant, n'est pas à craindre – mais à espérer. Elle met fin à des tentations, à des souffrances et à une illusion. Elle nous précipite aux pieds de Dieu. Elle nous ouvre les portes de la vraie vie. Elle est un commencement. L'auteur du *Soulier de satin* a fait graver sur sa tombe ces mots audacieux : « Ici reposent la cendre et la semence de Paul Claudel. »

La mort de ceux qu'ils aiment devrait être pour les croyants un jour d'allégresse au lieu d'un jour de deuil. Chacun d'entre eux devrait attendre la mort, qu'il n'a pas le droit de se donner, avec une impatience de tous les instants. C'est ce que pensaient nos grand-mères. Et c'est ce qu'elles faisaient. C'est ce que faisaient les croisés, c'est ce que font les *feddayin*, dans le crime et dans la terreur. Les devises des carmélites espagnoles le rappellent avec éclat : « Souffrir ou mourir » et « Je meurs de ne pas mourir ». Pour un croyant, la vie consiste à se préparer à la mort. À la limite, croire en Dieu, c'est préférer la mort à la vie.

éloge de l'athéisme

On ferait volontiers l'éloge de ceux qui, ne croyant à rien, ni à Dieu, ni au diable, ni à un autre monde, n'ont pas d'autre choix que de préférer la vie à la mort. Ils l'aiment avec violence puisqu'ils n'ont rien d'autre à aimer. Et, sans que Dieu le leur ordonne, il leur arrive aussi d'aimer les autres hommes.

Pascal, dans ses *Pensées*, oppose le salut éternel à l'assouvissement de quelques caprices passagers. Mettant en balance un bien infini et des satisfactions d'un moment aussitôt oubliées, son pari repose sur l'intérêt qu'il y a à croire. Comme les autres croyants, les chrétiens espèrent jusque dans l'autre monde un bonheur ineffable. Et celui qui leur est promis après la mort et pour l'éternité dépasse de l'épaisseur d'un monde ceux de la vie d'ici-bas.

Parce qu'ils font le bien pour le bien, sans le moindre souci de rémunération posthume, comment ne pas voir que les incroyants, au contraire, sont capables mieux que personne de donner un exemple qui vaille d'être suivi ? « La seule tristesse, disait Léon Bloy qui devait être insupportable dans la vie de chaque jour mais qui était chrétien, la seule tristesse est de ne pas être un saint. » Ne croyant pas à Dieu, n'espérant aucune récompense, persuadés du néant dans lequel ils entreront à la fin de leur vie, les athées qui auront aimé leur prochain comme eux-mêmes et plus qu'eux-mêmes ont droit au titre de saint. Et seuls ils peuvent espérer être assis à jamais à la droite de ce Seigneur auquel ils ne croient pas.

la vie est longue, et elle est courte

La vie est belle. Il lui arrive d'être cruelle. Mais, enfin, elle est belle. Et, quelle qu'elle soit, pour une raison ou pour une autre, par une espèce de miracle, nous y sommes attachés.

Elle est pleine de soleil, de collines au printemps, de platanes le long des routes, de rencontres, de lettres d'amour, de départs pour les îles, pour Naples, pour Ravello, pour Louxor et Assouan, pour Oaxaca, pour Cipango, de grandes espérances et de projets un peu fous, de hasards et de miracles, de patience et de beauté. On a fondé une famille, on construit des choses qui durent, on écrit des chefs-d'œuvre. On finirait presque par être heureux.

Et, si longue, souvent interminable, tout à coup, elle est courte. Elle est finie. Elle s'en va.

« *la jeunesse est une chose charmante...* »

« La jeunesse est une chose charmante : elle part, au commencement de la vie, couronnée de fleurs comme la flotte athénienne pour aller conquérir la Sicile et les délicieuses campagnes d'Enna. La prière est dite à haute voix par le prêtre de Neptune ; les libations sont faites avec des coupes d'or ; la foule, bordant la mer, unit ses invocations à celles du pilote ; le péan est chanté, tandis que la voile se déploie aux rayons et au souffle de l'aurore. Alcibiade, vêtu de pourpre et beau comme l'Amour, se fait remarquer sur les trirèmes, fier des sept chars qu'il a lancés dans la carrière d'Olympie.

Mais, à peine l'île d'Alcinoüs est-elle passée, l'illusion s'évanouit. Alcibiade banni va vieillir loin de sa patrie et mourir percé de flèches sur le sein de Timandra. Les compagnons de ses premières espérances, esclaves à Syracuse, n'ont pour alléger le poids de leurs chaînes que quelques vers d'Euripide. »

De quoi s'agit-il ? D'un des passages les plus célèbres des *Mémoires d'outre-tombe*. Explication de texte.

Dans l'Athènes de la seconde moitié du Vᵉ siècle avant le Christ – la plus belle période de la Grèce et peut-être de toute l'histoire des hommes –, Alcibiade est le jeune homme le plus brillant de sa génération. Il appartient à l'illustre famille des Alcméonides et il est le neveu de Périclès qui, entouré d'Aspasie, la femme qu'il aime, de Zénon d'Élée, le disciple de Parménide, de Phidias, de Sophocle, d'Hérodote, d'Hippodamos de Milet, l'architecte, de tant d'autres, vient de faire de sa cité qui règne sur la mer et où s'élève l'Acropole la capitale resplendissante de la civilisation et de l'art classique. À la mort de Périclès, emporté par la peste, Alcibiade a vingt ans. D'une beauté merveilleuse, il est assoiffé de pouvoir, de plaisirs et aussi de savoir.

Nous le connaissons bien. Platon nous le montre, dans ses dialogues, assis aux pieds de Socrate qu'il écoute avec passion. Le philosophe au physique ingrat a vingt ans de plus que le beau jeune homme dont il a sauvé la vie à dix-huit ans à la bataille de Potidée, au début de la guerre du Péloponnèse, et dont il est ouvertement amoureux. C'est que, selon la règle de l'époque, Alcibiade, qui plaît aux femmes à la folie, plaît tout autant aux hommes. Au point que le prude Moyen Âge finit par ne plus savoir à quel sexe le vouer. Dans sa fameuse « Ballade des Dames du temps jadis », Villon le transforme en femme :

> *Dictes-moi où, n'en quel pays*
> *Est Flora, la belle Romaine,*
> *Archipiada, ne Thaïs*
> *Qui fut sa cousine germaine ;*
> *[...]*
> *Mais où sont les neiges d'antan !*

Archipiada, c'est Alcibiade changé en femme par un coup de baguette poétique et magique.

Si follement doué, si insouciant, très vite célèbre,

artisan de sa propre légende, Alcibiade enchaîne les séductions, les aventures, les scandales. Il règne sur la mode, sur les cœurs, sur les jeux Olympiques. Il a les chiens les plus rares et les plus beaux d'Athènes et, pour épater les badauds, il leur fait couper la queue. Il est l'ancêtre et le modèle de tous les jeunes gens ambitieux et gâtés par le sort qui attendent tout de la vie avec une sorte de hauteur et qui voudront, bien des siècles plus tard, du beau Brummell, de Rastignac, du comte d'Orsay à Oscar Wilde et à Saint-Loup, se faire une place au soleil en scandalisant les bourgeois.

Mais Alcibiade ne veut pas seulement être heureux : plus que la philosophie et l'amour, ce qui fascine le neveu de Périclès, c'est l'action, la politique, le pouvoir. Il pousse les Athéniens à lancer une opération navale de type colonial contre la Sicile, et il parvient à les convaincre. Ce que chante Chateaubriand, c'est le départ pour « les délicieuses campagnes d'Enna » de la flotte commandée par Alcibiade alors âgé de trente-quatre ans et au sommet du succès et de sa gloire. Le dieu vers qui montent les prières de la foule n'est pas Neptune, qui est un dieu romain, mais Poséidon, dieu grec de la mer, qui sera, bien plus tard, assimilé à Neptune. Poséidon ne règne pas seulement sur les flots. Il est aussi « l'ébranleur du sol » capable de déchaîner de terribles catastrophes. C'est ce qu'il va faire.

Sa protection fait défaut à l'expédition d'Alcibiade, dont j'ignore si elle est vraiment passée au large de l'île d'Alcinoüs, qui était le roi des mystérieux Phéaciens dans l'*Odyssée* d'Homère : les Athéniens, qui ont tenu tête à l'immense empire perse quelques dizaines d'années plus tôt et qui ont fini par le vaincre, subissent un désastre à Syracuse. Ceux des compagnons d'Alcibiade qui échappent à la mort finissent dans les fameuses latomies, ces carrières de pierres qui subsistent encore aujourd'hui et où les Syracusains enfermaient leurs prisonniers. La tradition veut que, pour tenter d'oublier leur malheur, les Athéniens captifs récitaient des vers d'Euripide, un peu comme les forçats à la chaîne ont longtemps chanté des chants de marche ou les galériens, sur leurs bancs, des chansons de marins.

La fin, assez sinistre, de la vie d'Alcibiade tombe comme la foudre. Elle est expédiée en quelques mots. Roulant de complot en complot, réfugié d'abord à Samos avant un retour en force à Athènes suivi d'un nouvel exil, le neveu de Périclès trouve la mort en Phrygie, au fond de la Turquie d'aujourd'hui, dans les bras de Timandra, sa dernière maîtresse.

Que signifie ce roman d'aventures transfiguré par le génie de Chateaubriand, ce navet de série B porté à l'incandescence, ce peplum qui aurait pu être mis en scène par Hollywood avec Newman ou Redford dans le rôle d'Alcibiade, Faye Dunaway ou Kim Basinger – ou peut-être Ava Gardner ou Gene Tierney ? – dans le rôle de Timandra, Richard Burton dans celui de Périclès, Orson Welles en Poséidon, Charles Laughton en Socrate ? Il chante la brièveté tragique de notre vie à tous.

« La jeunesse est une chose charmante : elle part, au commencement de la vie, couronnée de fleurs comme la flotte athénienne... » Ah ! voilà la jeunesse qui s'enfuit à tire-d'aile, voilà le temps qui passe, plus rapide que la flèche, voilà la vie qui se rue vers son terme. Déjà Timandra nous attend quelque part pour nous faire mourir sur son sein.

entre deux néants

Il est très possible qu'il n'y ait rien après la mort et qu'elle mette un point final aux espérances des hommes. « Ouvrez-vous, portes de la nuit ! s'écrie Montherlant. Elles s'ouvrent. Et derrière, il n'y a rien. » Ceux qui ne croient pas à Dieu et qui pensent que l'univers n'a pas besoin d'une puissance extérieure pour naître et pour subsister n'ont aucune raison ni même aucun désir de compter sur quoi que ce soit après la fin de la vie. Nous naissons par des mécanismes qui nous sont bien connus, nous entrons dans le temps, nous mourons, nous en sortons : une pelletée de terre, un tas de cendres, peut-être l'écume d'une vague, et tout est dit.

Où étions-nous avant de naître ? Nulle part. Où serons-nous une fois morts ? Nulle part. Nous venons du néant, nous y retournons, c'est tout simple. Nous étions absence et rien. Nous serons absence et rien. Délicieuse et cruelle, la vie est une parenthèse qui n'a pas d'autre signification qu'elle-même. L'univers ne renvoie à rien d'autre. La vie non plus.

Il y a bien quelque chose qui s'appelle le monde. Il

disparaîtra tout entier comme nous disparaissons nous-mêmes. Il y a bien quelque chose qui s'appelle l'histoire. Elle a sa logique propre, mais elle n'a pas de sens. Quand les hommes auront disparu comme disparaissent toutes choses, il n'y aura personne pour se souvenir d'eux. Le monde est beau. L'histoire existe. Cette beauté et cette existence sortent du néant pour retourner dans le néant. Il y a un grand rêve qui est le monde. Et dans ce grand rêve, un autre rêve qui est la vie. Et dans ce rêve, encore un rêve qui est notre existence. Et tous ces rêves n'ont pas de sens, et ils sont absurdes.

le cœur du problème

Après tant de tours et de détours, par Socrate et par Alcibiade, par Spinoza, par Chateaubriand, par l'évidence et par la stupeur, après tant d'incertitudes et de contradictions, nous voilà au cœur du problème.

Le cœur du problème, c'est de savoir – ou plutôt de deviner, d'imaginer, de jouer à pile ou face, de décider presque à l'aveugle – si toute vie est absurde ou si le monde a un sens.

cartes sur table

Jouons cartes sur table : j'ai du mal à croire que, réglé avec tant de rigueur, si évidemment fait pour durer, emporté par un temps d'une subtilité et d'une complication extrêmes et qui est le mystère même, l'univers n'ait aucun sens.

Lentement ou tout à coup, dans une dernière catastrophe, les hommes disparaîtront comme ils sont apparus : personne ne peut se bercer de l'illusion qu'ils sont là pour toujours. Le dernier homme liquidé, j'ai beaucoup de mal à croire que tout se passera comme s'ils n'avaient jamais existé.

J'ai même du mal à croire que la vie de chacun d'entre nous ne soit qu'une farce tragicomique.

les hommes ont besoin de sens

Nous menons une existence faite de rencontres et où règne le hasard. Le plus souvent nous naviguons à vue. À la question : « Qu'avez-vous fait de votre vie ? », il n'est pas aisé de répondre. Nous essayons malgré tout de trouver dans notre parcours un semblant de cohérence, fût-ce dans le désordre et dans le refus. Les hommes ont besoin de sens comme ils ont besoin d'eau, de lumière ou d'air.

Une activité parmi d'autres s'acharne à mettre de l'ordre dans le hasard et à donner un sens à des phénomènes apparemment épars et sans lien entre eux : la science.

Pour elle, avec évidence, le monde présente une cohérence rigoureuse. Il répond à une logique cachée et profonde. La science est liée à un secret qu'elle s'efforce d'arracher à la matière et à la nature. L'univers, dans son fonctionnement et dans le moindre de ses détails, ne lui apparaît pas comme absurde.

Elle accepte pourtant volontiers l'idée que des règles si strictes sortent du néant et finissent dans le néant, que la vie de ces hommes capables de comprendre l'ordre des choses s'achève par une mort absurde et que cet univers, si sévèrement structuré en chacune de ses composantes, n'ait pas le moindre sens dans sa totalité.

le mystère est notre lot

Soutiendrons-nous que le monde sans Dieu est absurde et qu'il serait moins absurde avec Dieu ? Bien sûr que non. Souvenons-nous de notre formule : « *Credo quia absurdum.* » Dieu aussi est absurde pour nous autres, pauvres humains.

Personne n'est capable d'échapper au vertige qui nous prend devant le monde et devant notre destin. Nous n'en finissons jamais de nous heurter à de l'incompréhensible. Tout ce que nous pouvons faire, et c'est déjà immense, c'est de nous interroger sur la mort et sur Dieu.

Ce qui est impossible, c'est de prétendre que les choses sont comme elles sont et que nous n'avons pas à nous poser des questions. Avec Dieu ou sans Dieu, nous sommes plongés dans le mystère. Parce que le temps passe et que la mort est là, le mystère est notre lot. « La plus belle expérience que nous puissions faire, disait Einstein, est celle du mystère. »

à la lumière de l'être

Il y a une différence entre le mystère d'avant-notre-naissance et le mystère d'après-notre-mort, comme il y a une différence entre le mystère de l'autre-côté-du-mur-de-Planck et le mystère de l'après-la-fin-des-temps : cette différence est la vie, cette différence est l'histoire, cette différence est la conscience que nous pouvons en prendre. Chacun de nous, comme le monde lui-même, est entré dans le temps. Et chacun de nous se demande ce qu'il est venu y faire.

Entrer dans le temps, c'est, d'une certaine façon, participer à l'être. Le temps, toujours en train de s'écouler, nous sépare de la permanence immobile et radieuse de l'être. Mais, parce que nous sommes capables de penser, il nous en donne une idée, il nous le montre de loin, par moments – dans un tableau du Titien, de Rembrandt, de Degas, dans une cantate de Bach ou dans l'andante déchirant du *Concerto 21* de Mozart, dans un poème de Ronsard ou d'Aragon, dans la théorie de Newton ou dans celle de Darwin, dans une formule mathématique, dans l'effort, dans la découverte, dans l'enthousiasme, dans la création, dans l'amour, dans la charité, dans la joie –, il fait miroiter sa splendeur à nos yeux prisonniers. Nous le savons depuis Platon : le temps est l'image mobile de l'éternité.

Dans le sens opposé à cette flèche du temps qui va du big bang à la fin des haricots et de notre naissance à notre mort, l'avenir n'est nulle part avant de se changer en présent, puis en passé. Et le passé aussi est nulle part – mais, à la différence de l'avenir, il a subi l'épreuve du feu, il a transité par l'existence, il s'est brûlé les ailes à la lumière de l'être. L'avenir est nulle part, mais, ressuscité par notre mémoire, le passé est quelque part – bien malin qui dira où. De la même façon, l'univers n'était nulle part avant le big bang et il sera quelque part après la fin des temps. Et nous, nous n'étions nulle part avant notre naissance, mais nous serons peut-être quelque part après notre mort – bien malin qui dira où.

la sœur du souvenir

« Dieu, écrit Michel-Ange, a donné une sœur au souvenir. Il l'a appelée l'espérance. » J'ai beaucoup aimé le passé. J'ai toujours préféré l'avenir. J'ai passé mon temps et ma vie à espérer autre chose. Au-delà de ce monde et au-delà de la mort, j'espère encore autre chose. Mais quoi ?

le temps est une illusion

J'ai toujours été réticent à prendre pour argent comptant l'idée indienne et bouddhiste de la réincarnation, l'idée musulmane d'un paradis de houris, l'idée chrétienne de la résurrection de la chair. Mourir, c'est sortir du temps. Le temps est une parenthèse, une illusion, un songe, et peut-être un mensonge. Le génie populaire le sait depuis toujours : « Quand on est mort, c'est pour longtemps. » Mourir, c'est entrer dans l'éternité. Quelques printemps, quelques étés – et, à jamais, l'éternité.

Quel est le statut de cette éternité ? Nous ne pouvons pas le savoir. Mais nous avons le droit d'espérer.

une folle espérance

Chacun fait bien comme il veut. J'espère qu'il y a, après la mort, quelque chose dont je ne sais rien. J'espère qu'il y a, hors du temps, une puissance que, par approximation et pour plus de simplicité, nous pouvons appeler Dieu.

Je n'ai pas d'autre foi que cette folle espérance.

douter en Dieu

Exprimée ou tacite, cette folle espérance me porte depuis toujours. Je ne crois pas à grand-chose. Je me dis souvent, avec une ombre de regret, avec un peu d'inquiétude, que je ne crois presque à rien. Je ne crois ni aux honneurs, ni aux grandeurs d'établissement, ni aux distinctions sociales, ni au sérieux de l'existence, ni aux institutions, ni à l'État, ni à l'économie politique, ni à la vertu, ni à la vérité, ni à la justice des hommes, ni à nos fameuses valeurs. Je m'en arrange. Mais je n'y crois pas. Les mots ont remplacé pour moi la patrie et la religion. C'est vrai : j'ai beaucoup aimé les mots. Ils sont la forme, la couleur et la musique du monde. Ils m'ont tenu lieu de patrie, ils m'ont tenu lieu de religion.

Ceux qui ne croient pas à Dieu font preuve d'une crédulité qui n'a rien à envier à celle qu'ils reprochent aux croyants. Ils croient à une foule de choses aussi peu vraisemblables que ce Dieu qu'ils rejettent : tantôt au hasard et à la nécessité, tantôt à l'éternité de l'univers ou à ce mythe qu'ils avalent tout cru d'un temps dont l'origine ne poserait pas de problèmes. À l'homme surtout, à l'homme, sommet et gloire de la création, chef-d'œuvre d'orgueil et trésor pour toujours, et à l'humanisme. J'ai le regret de l'avouer : je ne crois à rien de tout cela. Si je croyais à quelque chose, ce serait plutôt à Dieu – s'il existe. Existe-t-il ? Je n'en sais rien. J'aimerais y croire. Souvent, j'en doute. Je doute de Dieu parce que j'y crois. Je crois à Dieu parce que j'en doute. Je doute en Dieu.

Je suis un bon garçon. Au-delà même des mots et de leur musique, leur servant de source et de but, quelque chose de très obscur m'attache aux autres hommes. Je préfère qu'on ne les torture pas, qu'on ne les massacre pas, qu'on ne les méprise pas, qu'on ne les détruise pas, qu'on ne les humilie pas d'une façon ou d'une autre. Je crois que la vie – et pas seulement la vie des hommes – doit être respectée. Parce qu'une même espérance nous unit les uns aux autres et nous soutient tous ensemble. C'est cette espérance que les pédants, je crois, appellent la transcendance.

il y a autre chose que ce monde

Soyons bref : il y a autre chose que ce monde.

y a-t-il autre chose que ce monde ?

Ah ! bien sûr, il y a d'abord ce monde. Et beaucoup
sont convaincus qu'il n'y a rien d'autre que ce monde.
Sa seule marche, que nous appelons « histoire », suffit
pourtant déjà à nous donner le tournis.

l'histoire des hommes

L'histoire est la forme que prend le temps pour forger le destin des hommes. Durant des milliards d'années, le temps coule sans les hommes et il constitue, à partir du big bang, un univers qui n'a presque aucune réalité puisqu'il n'y a personne pour le penser. Les hommes surgissent. Ils sortent de la matière – et ils se mettent à penser. Pour le meilleur ou pour le pire, ils prennent le relais de Dieu à la tête des affaires. Et, aussitôt, de la tête aux pieds, ils sont plongés dans l'histoire. Regardez : ils sont dedans jusqu'au cou.

Il y a, en vérité, deux histoires distinctes. D'abord l'histoire de l'univers en train de se faire et que Dieu seul peut connaître. Et puis l'histoire organisée et racontée par la pensée des hommes. Dans la suite des événements qui s'enchaînent et se bousculent au sein d'une multiplicité et d'une complexité croissantes, les hommes effectuent un tri et un classement plus ou moins arbitraires. Et ils composent des récits qui ne coïncident pas toujours entre eux et qu'ils appellent l'histoire.

Que se passe-t-il dans cette histoire qui n'est jamais totale, ou qui ne l'est que pour Dieu – si (refrain) il existe ? Des sociétés se constituent, des conflits éclatent sans cesse et un peu partout, des empires naissent et meurent, des découvertes se succèdent, de grandes choses se font, les lumières se répandent, les idées évoluent, les mœurs se transforment, le climat se modifie, tout ne cesse jamais de bouger et de rester semblable à travers les changements. Le mot fameux du *Guépard* – « Il faut que tout change pour que tout reste pareil » – ne s'applique pas seulement au prince Salina et à l'aristocratie sicilienne : il s'applique à l'histoire.

Des théories s'édifient. D'Hérodote, de Thucydide, de Tite-Live, de Tacite, d'Ibn Khaldun à Gibbon et à Michelet, de grands esprits cherchent à comprendre le destin caché des hommes. Pour Marx, la réalité est économique et sociale. Pour Freud, le rôle du sexe est déterminant. Spengler croit que les cultures vieillissent et déclinent comme les personnes. Toynbee voit la clé de l'affaire dans un défi – *a challenge* – que se lanceraient les hommes. Fukuyama s'imagine que l'histoire se termine sous nos yeux. Huntington parle d'un choc des civilisations. Chaque époque a ses perspectives, ses illusions, ses coups de génie, ses craintes et ses espérances.

Montaigne est le meilleur des historiens quand il voit dans le monde une « branloire pérenne ». S'il y a une leçon de l'histoire, c'est que tout passe sous le soleil et que tout continue. Il n'est rien d'assuré dans l'histoire des hommes. Rien n'est jamais acquis pour toujours. Les institutions, les systèmes, les doctrines, les hommes passent leur temps à s'élever et à être abaissés. C'est le sort des empires, des religions, des amours et des ambitions.

On dirait que l'histoire se résume à une lutte entre les forts et les faibles. Les forts, naturellement, l'emportent sur les faibles. Dieu, comme chacun sait, est du côté des vainqueurs. Mais, en fin de compte, par une ruse constante de l'histoire, ce sont les plus faibles qui deviennent les plus forts. Les maîtres règnent, les tyrans exterminent, les orgueilleux tiennent le haut du pavé. Et partout, à la longue, les esclaves l'emportent sur les maîtres, les peuples sur les tyrans, les humbles sur les orgueilleux. Le secret foudroyant et consolant de notre monde est, sinon que les plus faibles gagnent à tous les coups, du moins que les plus forts finissent toujours par perdre. C'est la règle. C'est la loi.

Pour ne prendre que quelques exemples éclatants et récents, les Chaldéens, les Assyriens, les Mèdes et les Perses s'imposent tour à tour avant de se détruire les uns les autres, les Grecs anciens le cèdent aux Romains, l'Empire romain est envahi par les Barbares, l'Empire byzantin est vaincu par les Turcs, la Sublime Porte victorieuse ne tardera pas beaucoup à s'effondrer à son tour, le Saint Empire romain se défait, l'Espagne, l'Angleterre, la France triomphent avant de décliner, l'Allemagne national-socialiste et la Russie communiste semblent, aux yeux de leurs partisans, de leurs victimes et même de leurs adversaires, installées pour mille ans et elles disparaissent assez vite, l'une après l'autre, dans le néant. Il n'est pas sorcier de prédire, à contre-courant de l'opinion générale, que les États-Unis, la Chine, l'Inde, le Brésil, le monde musulman n'occupent ou n'occuperont une place prédominante que pour reculer comme leurs prédécesseurs. Ce n'est qu'une question de dates et de temps. Nous ne verrons peut-être pas, nous autres, les vivants, la résurrection d'une Afrique noire, mère de l'histoire et aujourd'hui malheureuse. Mais son retour triomphal au premier rang du monde est inscrit avec certitude dans un avenir plus ou moins lointain. À la fin, il y aura un monde unifié où les races auront disparu dans une préhistoire évanouie, il y aura un autre monde dont personne ne peut rien dire.

Rien, sinon que, dans leur vie publique comme dans leur vie privée, les hommes n'ont régné, ne règnent, ne régneront que pour être abattus. Par la mort pour les individus. Par l'histoire pour les peuples. Et il n'y a pas d'exception. Princes, consuls, pharaons, rois, empereurs, tsars, califes et sultans, rajahs et nizams, chefs rebelles ou populaires, puissants de tout poil, tous finissent comme la statue colossale de Ramsès II qui mesurait près de vingt mètres de haut et pesait quelque mille tonnes et dont les débris gigantesques jonchent la cour d'entrée du Ramesséum de cette Thèbes aux cent portes que nous appelons Louxor.

« ne dites pas à Dieu... »

Qu'est-ce que vous voulez que je vous dise ? L'histoire n'avance pas au hasard. Elle ne va pas n'importe où ni n'importe comment. Elle ne divague pas en titubant à la façon d'un homme ivre. Elle est cruelle, et souvent atroce. Mais elle a sa logique propre, implacable et terrible. Il y a un sens de l'histoire. Nous le discernons dans le passé. Nous ne le connaissons pas dans l'avenir. Il est caché comme Dieu lui-même. Les hommes font l'histoire, mais ils ne savent pas l'histoire qu'ils font. On pourrait soutenir qu'ils la font malgré eux.

Le plus frappant est que la liberté de chacun n'empêche pas une sorte de déterminisme statistique et global. Même s'il nous est impossible de connaître les motivations infinies des individus, nous savons avec certitude le nombre des personnes qui circuleront samedi soir sur le pont des Arts ou qui visiteront dimanche le Kremlin ou l'abbaye de Westminster. Nous savons que nous serons demain neuf milliards sur cette Terre. Il y a un parallélisme entre l'indétermination des particules microscopiques de la physique quantique dont nous parlaient Niels Bohr ou

Heisenberg et le libre arbitre des individus. L'une et l'autre sont réels et incapables de modifier la marche inéluctable du monde macroscopique.

On finit par se demander s'il vaut la peine de s'agiter et d'agir. Après avoir entendu des astronomes parler de l'immensité de l'univers, Cioran hésite à se laver les dents. Les préceptes de vie du Sermon sur la montagne valent peut-être aussi pour l'histoire : « Voyez les lis des champs : ils ne travaillent ni ne filent. Et pourtant, je vous le dis : Salomon lui-même, dans toute sa gloire, n'a pas été vêtu comme l'un d'eux. » Agir est toujours douteux. Le monde et son histoire nous débordent de partout. Nos jugements sont incertains. Nos choix sont ambigus. Nous ignorons ce que nous faisons. Et le monde devenant de plus en plus complexe et de plus en plus unifié, nous l'ignorerons de plus en plus. Nous ne cessons jamais d'organiser des événements qui nous échappent et des mystères qui nous dépassent.

Les exemples se pressent en foule de décisions historiques qui passent d'abord pour des succès avant de se retourner contre les intentions de ceux qui les ont prises. Le traité de Versailles fait le lit de Hitler. Le soutien accordé par la monarchie française à la Prusse contre l'Autriche se révélera un désastre. D'innombrables tyrans ont tiré du néant les ambitieux qui les détrôneront. Ce qu'il y a de plus proche de l'échec, c'est le succès. Le cri de sainte Thérèse d'Avila m'a toujours ébloui : « Que de larmes seront versées sur des prières exaucées ! » Niels Bohr, comme en écho, donne ce conseil à Einstein : « Ne dites pas à Dieu ce qu'il doit faire. »

Dieu sait ce qu'il doit faire. Et l'histoire sait mieux que nous ce qu'elle recèle dans son sein.

qu'est-ce qu'un bon livre ?

Les bons livres sont ceux qui changent un peu leurs lecteurs. Les modèles : la Bible, l'*Iliade* et l'*Odyssée*, le Coran, les *Essais* de Montaigne, *Le Cid* de Corneille, les *Pensées* de Pascal, les *Fables* de La Fontaine, *Bérénice* de Racine, le *Faust* de Goethe, les *Mémoires d'outre-tombe*, *Le Capital* de Karl Marx, *De l'origine des espèces* de Darwin, *Les Frères Karamazov* de Dostoïevski, *Trois essais sur la théorie de la sexualité* de Freud, le *Journal* de Jules Renard, les opérettes d'Offenbach, *Les Nourritures terrestres* de Gide, Horace, Omar Khayyam, Rabelais, Cervantès, Leopardi, Henri Heine, Oscar Wilde, Conrad, Borges, Cioran...

Je ne sais pas si ce livre est bon ni s'il aura changé, si peu que ce soit, ses lecteurs. Il m'a changé, moi. Il m'a guéri de mes souffrances et de mes égarements. Il m'a donné du bonheur, une espèce de confiance et la paix. Il m'a rendu l'espérance.

un sentiment d'en-avant

Avec cette confiance, avec cette espérance, le monde prend de l'élan, de la hauteur, de la gaieté. Un sentiment d'en-avant s'empare soudain de lui. Il se met à danser. Il donne envie de chanter. Il n'est plus orphelin, il n'est plus inutile. Il a cessé d'être absurde. Il est toujours une énigme. Mais, même si son sens nous échappe, il a enfin un sens.

un bonheur m'envahit

Un bonheur m'envahit. Le monde est toujours le même. Mais il a changé de signification. Les hommes et moi n'en sommes plus les uniques responsables. Chacun de nous est le chaînon d'une chaîne qui nous dépasse de très loin. Une puissance inconnue qui est autre chose que l'ensemble des hommes veille sur la marche de leur histoire et, au-delà de leur histoire, sur l'espace et le temps.

Je lève les yeux. Le Soleil brille. Par une chance miraculeuse, il luit, immuable, omniprésent, jusque sur les recoins les plus inaccessibles de la grosse boule appelée Terre. Je comprends que des hommes l'aient longtemps adoré. Notre vie dépend de lui. Il nous chauffe et nous éclaire. Il répand sa lumière. Toute la beauté du monde est liée à ses rayons. Il est l'image de la régularité et de la permanence. Après nous être si longtemps demandé s'il allait se lever demain comme il s'était levé hier, on croirait volontiers qu'il est là pour toujours. Il est pourtant apparu à une époque et dans des conditions dont nous connaissons les grandes lignes. Et il disparaîtra dans un avenir que nous sommes capables de mesurer. Tout passe. Symbole du beau, du bien, de l'un, le Soleil aussi.

Le soir vient. La nuit tombe. Les astres sont là. Nous savons tout de leurs mouvements, de leur nature, de leur destin. Nous connaissons les liens qui les unissent à nous qui ne sommes, après tout, que de la poussière d'étoiles. « Nous sommes tous dans le caniveau, écrit Oscar Wilde, mais certains d'entre nous regardent les étoiles. » Rêvons un peu. Passager et très fort, évident et fragile, un fil court de leur splendeur à ma vie de chaque jour.

Je me promène dans ce monde. La Terre qui a été si grande est devenue toute petite. Il m'est plus facile d'aller aujourd'hui à Bali, aux Samoa, à la Terre de Feu, et demain sur la Lune, qu'il y a deux ou trois siècles à Chartres, à Périgueux, à Rochefort, à Annecy. Le passé nous étonne et nous devient obscur. L'avenir est invraisemblable et il se changera très vite en un passé poussiéreux et vieilli. La vie est simple et claire. Et elle n'est que mystère.

Les nuages arrivent. Il pleut. Encore un miracle. Encore une chance. Après le temps et la lumière, il y a l'eau. Il y a de l'eau, des océans, des lacs, des fleuves, des rivières, des glaciers, des cascades. Il y a des montagnes et des collines, des vallées et des cols, des plaines et des forêts. Il y a les arbres. Et ils sont le charme même. Un peu de la beauté du monde s'est installée dans les arbres. Il y a des chênes, des platanes, des pins maritimes et des pins parasols, des cyprès, mon Dieu ! des oliviers, des vignes, des roses de sable et des déserts.

Il y a des hommes. Des éléphants, aussi. Des chameaux, des rats, des musaraignes, des hiboux, des girafes et des chats. Mais il y a des hommes. Et des femmes. Les femmes sont des hommes comme les autres. Et les hommes, en retour, font de leur mieux pour être des femmes comme les autres. Toutes les femmes sont des hommes et – encore une chance – un homme sur deux est une femme. Tout ce qui est différent dans ce monde est pourtant semblable. Et tout ce qui est semblable est pourtant différent.

Tout est né d'un presque rien qui était déjà le tout et le temps a changé ce presque rien en notre tout ou en notre presque tout avant de changer à nouveau, dans un avenir plus ou moins lointain, notre tout ou notre presque tout en presque rien ou en rien. Nous somme tous des singes, des éponges, des algues, des étoiles. Nous sortons tous du même presque rien. Nous retournerons tous à presque rien. Et entre rien et rien, nous sommes tous des fragments minuscules et séparés d'un tout auquel nous appartenons et auquel nous sommes attachés par des liens innombrables.

Les hommes ont du génie. Ils pensent. Vous voyez ce que je veux dire ? Ils ont dominé le feu et les chevaux. Ils ont inventé les outils, la roue, l'agriculture, l'écriture, l'industrie, l'électronique. Ils ont construit des villes plus belles les unes que les autres – Jéricho, Babylone, Memphis, Thèbes, que nous appelons Louxor, Persépolis, Athènes avec son Acropole, Halicarnasse devenu Bodrum, Éphèse, Milet, Pergame, Rome au bord du Tibre et sur ses sept collines, Byzance sur sa Corne d'or, Venise dans ses marais, Bagdad, ville d'Haroun al-Rachid et des *Mille et Une Nuits*, Samarkand, où est enterré Tamerlan, Ispahan et Chiraz, Sienne, où travaillaient Duccio, Simone Martini, les deux Lorenzetti, Pisano, Pinturicchio, la Florence des Médicis, émules et rivaux de Périclès et de Frédéric II Hohenstaufen, Bergame si haut perché, Hampi, la « Ville de la Victoire », aux trésors sans nombre, fondée par des princes telugu en 1336, détruite en 1565 par une coalition des sultanats musulmans du Deccan, Ascoli Piceno, où vit toujours le souvenir de Cola dell'Amatrice, Lecce, Fatehpur Sikri, la ville du grand Akbar qui voulait mêler toutes les religions, abandonnée dès son achèvement parce que l'eau y manquait, et Paris et New York, toujours debout et triomphants, mais peut-être pas pour très longtemps – et, à coup sûr, pas pour toujours –, des pyramides, des temples, des mausolées, des mosquées, des cathédrales, des ponts, des viaducs, des échangeurs d'autoroutes. Ils ont sculpté des lions, des déesses et des dieux, des Vierge, des saints, des amants. Ils ont peint des christs en croix, des assomptions, des baigneuses et des pommes. Ils ont écrit des poèmes –

C'est une chose étrange à la fin que le monde
Un jour je m'en irai sans en avoir tout dit
Ces moments de bonheur ces midis d'incendie
La nuit immense et noire aux déchirures blondes

– des messes, des cantates – « *Ein feste Burg ist unser Gott* » ou « *Wachet auf, ruft uns die Stimme* » ou « *Herz und Mund und Tat und Leben* » ou l'aria « *Heute noch, heute noch* » de la *Cantate du Café* –, des ballets, des opéras, des divertissements, des romans. Ils ont cultivé la terre et ils l'ont épuisée. Ils ont rendu le monde plus beau et ils l'ont saccagé.

Nous sommes entourés des abîmes du néant, ou de ce que nous appelons le néant et qui est peut-être un autre tout plus réel que le nôtre, nous en sortons et nous y retournons. Et le mal est parmi nous. Il est mêlé à la beauté et il lui arrive de se confondre avec elle. La beauté, le bien et le mal, la justice, la vérité, le hasard et la nécessité, notre liberté, l'histoire nous font tourner la tête. Nous sommes des rats dératés qui courent dans tous les sens, des grelots déchaînés et sonores, des pantins ivres d'eux-mêmes, des nains aux rêves de géants.

Tout ce qui est né mourra. Tout ce qui est apparu dans le temps disparaîtra dans le temps. Au commencement des choses, il y a un peu moins de quatorze milliards d'années, il n'y avait que de l'avenir. À la fin de ce monde et du temps, il n'y aura plus que du passé. Toute l'espérance des hommes se sera changée en souvenir. En souvenir pour qui ? Il n'y aura plus que ce rien éternel qui se confond avec tout, dont le monde est sorti, où il retournera, et que nous appelons Dieu.

l'admiration

Comme tout ce qui paraît ici-bas, ce livre touche à sa fin. Voilà que du monde et des hommes surgissent quatre sentiments plus forts les uns que les autres et auxquels je m'abandonne.

Le premier a quelque chose de vieillot et, il faut bien le dire, de ringard. C'est l'admiration.

Admiration pour le temps, la lumière, la nécessité, le hasard.

Admiration pour un ordre des choses si évidemment immuable et si évidemment passager.

Admiration pour les hommes et pour leur génie.

Admiration pour cette beauté pleine de mystère qui a fait couler des flots de paroles et d'encre, et dont il est presque impossible de rien dire d'un peu sûr.

Le Soleil se lève et se couche. Les saisons se succèdent. Les galaxies se promènent avec leurs étoiles par milliards. Les protons, les neutrons, les électrons, les neutrinos, les particules de toute sorte et les quarks et les wimps à l'existence douteuse tournent les uns autour des autres. L'histoire des hommes avance, toujours imperturbable et toujours renouvelée, de son début vers sa fin. Les enfants apparaissent, ils grandissent, ils vieillissent, ils meurent, ils disparaissent. Tout change. Tout reste semblable. Les formes des nuages et des collines, les arbres dans le matin, les champs de lavande le soir, quelques vers de Virgile ou de Toulet –

Ibant obscuri sola sub nocte per umbram...

ou

Un chemineau navarrais
Nous joua de la guitare.
Ah ! que j'aimais la Navarre
Et l'amour et le vin frais...

– quelques mesures de Haendel ou de Schubert, les robes des moines en fuite dans un tableau de Carpaccio ou le rêve de Piero della Francesca sous la tente où dort l'empereur suffisent à éclairer le monde et à nous emporter.

257

la gaieté

Le deuxième est la gaieté. S'il y a autre chose que le monde, ce monde-ci ne prête qu'à rire. Ce qui n'est pas éternel est souvent délicieux mais toujours passager et toujours insignifiant. À l'admiration se mêle un peu d'indifférence, une bonne dose d'ironie, une ombre de mépris. Les rêves des hommes sont pleins de grandeur – et ils sont dérisoires. À commencer par les miens. Les plaisirs nous enchantent – et ils sont l'ombre d'une ombre. Le seul sort du bonheur est de se changer en souvenir. La meilleure attitude à l'égard de ce monde et de son histoire, et d'abord et avant tout des réussites sociales et des grandeurs d'établissement si ardemment poursuivies, est de les tenir à distance. Sortir de la poussière et retourner à la poussière ne mérite en aucun cas un excès de révérence. La vie est un songe et le mieux est d'en rire. Je ne cesse de me moquer de moi-même et des autres. J'ai toujours essayé de m'amuser de la brièveté de la vie.

la gratitude

Le troisième est la gratitude. Cette vie étrange et si brève m'a été indulgente. Je l'ai beaucoup aimée. Je me suis longtemps demandé qui je devais remercier. Ce livre est destiné à régler la question.

Tout est bien. »

tout est bien

Le quatrième et dernier de ces sentiments auxquels je ne peux pas me soustraire, je ne sais quel nom lui donner. C'est un mélange de chagrin, de pitié et d'espérance.

Il y a du mal. Le mal naît avec l'homme et avec la pensée. Il n'existe pas avant eux, il est au cœur de l'histoire, il la fait avancer. Et il est aussi mystérieux que la beauté ou le temps.

Le temps, le génie, la beauté... Oui, bien sûr... La pauvreté, la famine, la sécheresse, les séismes, la maladie, la dépression, le mensonge, l'amitié trahie, la passion malheureuse, la violence, le désespoir règnent aussi sur le monde. On me demande ce que je fais. Ce que je fais ? Je fais ce que je peux. J'espère.

J'espère que les hommes ne souffriront pas toujours. Ou qu'ils souffriront un peu moins. J'espère qu'il y aura enfin un peu de bonheur pour ceux qui n'en ont jamais eu. J'espère – est-ce assez bête ! – que la justice et la vérité, si souvent contrariées, sont, ici-bas d'abord, et peut-être même ailleurs, autre chose que des cymbales et des illusions. Il faut toujours penser comme si Dieu existait et toujours agir comme s'il n'existait pas.

Il y a, chez les hommes, et seulement chez les hommes, un élan vers la beauté et vers la vérité et une soif d'espérance.

Tout est bien.

Remerciements

Je remercie Homère, Platon, Virgile, Lucrèce, saint Augustin, Montaigne, Descartes, Pascal, Spinoza, Leibniz, Kant, Bergson, Heidegger et les autres du bonheur qu'ils m'ont donné.

*
* *

Parmi nombre d'autres ouvrages, je dois beaucoup à deux livres dont je me suis abondamment servi :
Jeanne Hersch, *L'Étonnement philosophique*, « Folio », Gallimard ;
Trinh Xuan Thuan, *La Mélodie secrète*, Fayard.

*
* *

Je remercie Dominique Arnouil qui me supporte depuis longtemps – et qui déchiffre mon écriture.

Index
des noms de personnes et de lieux
Les noms de lieux sont en italique

Heidegger, Martin : 60, 138, 216, 265.
Heine, Henri : 249.
Heisenberg, Werner : 124, 126, 127, 145, 248.
Hélène : 42, 44.
Héliopolis : 34.
Hemingway, Ernest : 135.
Héphaïstos : 183.
Héraclite : 52, 53, 54, 60, 79.
Héra : 42, 183.
Hermès Trismégiste : 34.
Hérodote : 133, 224, 244.
Hersch, Jeanne : 265.
Hippodamos de Milet : 224.
Hitler, Adolf : 162, 248.
Hollywood : 226.
Homère : 39, 41, 42, 43, 44, 47, 48, 56, 74, 133, 135, 137, 163, 225, 265.
Hong Kong : 174.
Horace : 249.
Horatio : 142.
Horus : 34.
Hoyle, Fred : 120.
Hubble, Edwin : 76, 110, 111, 113, 118, 123, 143, 171.
Hulagu : 140.
Huntington, Samuel : 244.
Huxley, Aldous : 93.
Huxley, Julian : 93.
Huxley, Thomas : 93, 96.
Huygens, Christian : 79, 124.
Hvar : 135.
Hydre (amas de l') : 108.

Ibn Khaldun : 244.
Ilissos : 57.

Indus : 30, 37.
Ionie : 47, 50, 52.
Ipanema : 135.
Iphigénie : 42.
Ishtar : 33.
Isis : 34, 183.
Ispahan : 253.
Ithaque : 42, 43, 135, 136.

Jaune (fleuve) : 30.
Jean-Paul II : 96.
Jean (saint) : 48, 67.
Jéricho : 30, 253.
Jérôme (saint) : 66.
Jérusalem : 46, 183, 192.
Jésus-Christ : 51, 64, 102, 127, 179, 185, 186, 211, 223.
Joyce, James : 44.
Junon (voir Héra).
Jupiter (planète) : 62.
Jupiter (voir Zeus).
Justinien : 137.

Kaluza, Theodor : 145.
Kant, Emmanuel : 104, 180, 191, 192, 265.
Kas : 136.
Kekova : 136.
Kepler, Johannes : 63, 71, 72, 79.
Kerouac, Jack : 135.
Khayyam, Omar : 249.
Khéops : 30.
Khéphren : 30.
Khyber (passe de) : 134.
Kierkegaard, Søren : 60.
Klein, Oskar : 145.

277

Table des matières

281

*Cet ouvrage a été composé et mis en pages
par ÉTIANNE COMPOSITION
à Montrouge.*

Imprimé en France par CPI
en décembre 2017
N° d'impression : 3026596

POCKET – 12, avenue d'Italie – 75627 Paris Cedex 13

Dépôt légal : octobre 2011
S21556/13